前田育徳会尊経閣文庫編

尊経閣善本影印集成 41-2

日本往生極楽記

八木書店

聖徳太子者豊日天王第二子也母妃皇女夢有
金色僧謂曰吾有救世之願々暫宿后腹妃問為誰僧曰
吾救世菩薩家在西方妃答妾腹垢穢何宿貴
人僧曰吾不厭垢穢唯望感人間躍入口中妃即覚後喉
中猶有物而無乱後始知有娠漸及八月胎中有言
聞於外出胎之時忽有赤黄光至自西方照曜殿内
生而能言知人挙動百済国献経論太子奏曰
欲披閲之天皇怪而問之太子奏曰児昔在漢住南岳歴年

聖徳太子（本文一一頁）

日音楽満空道俗傾耳随喜帰化者多矣。
摂津国嶋下郡勝尾寺住僧勝如別起草庵蟄居其
中十余年間禁断言語弟子童子相見稀矣夜中有
人来叩柴戸勝如以忌言語不得問之唯以咳声令
知有人戸外陳云我是住播磨国賀古郡賀古駅
北辺沙弥教信也今日欲往生極楽上人年月可得其人
迎接告此由故以来也言訖而去勝如驚怪明旦
弟子僧勝鑒令尋彼処驗其眞偽勝鑒還来曰
駅家北有竹廬廬前有死人群狗競食廬内有
一老嫗一童子相共哭泣勝鑒便問悲情嫗曰死人

僧広道・僧勝如（本文四四頁）

例言

一、『尊経閣善本影印集成』は、加賀・前田家に伝来した蔵書中、善本を選んで影印出版し、広く学術調査・研究に資せんとするものである。

一、本集成第六輯は、古代説話として、『日本霊異記』『三宝絵』『日本往生極楽記』『新猿楽記』『三宝感応要略録』『江談抄』『中外抄』の七部を収載する。

一、本冊は、本集成第六輯の第三冊として、『日本往生極楽記』（一冊）を収め、墨・朱二版に色分解して製版、印刷した。その原本は、遊紙を除き、墨付で第一丁、第二丁と数え、各丁のオモテ、ウラをそれぞれ本冊の一頁に収め、図版の下欄の左端または右端に（1オ）（1ウ）のごとく丁付けした。

一、目次及び柱は、説話の話題名を勘案して作成した。

一、原本を収める桐箱の蓋表面・裏面及び包紙（朱・墨のある部分）を参考図版として付載した。

一、本書の解説は、石上英一東京大学教授執筆の「尊経閣文庫所蔵『日本往生極楽記』の書誌」、沖森卓也立教大学教授執筆の「尊経閣文庫所蔵『日本往生極楽記』の訓点」の二篇をもって構成し、冊尾に収めた。

平成十九年十月

前田育徳会尊経閣文庫

目次

日本往生極楽記

表紙

原表紙

日本往生極樂記　朝散大夫行著作郎慶保胤撰

叙曰予自少日念彌陀佛行年四十以降其志彌劇
口唱名号心觀相好行住坐臥暫不忘造次顛沛
必於是矣夫堂舎塔廟有彌陀像有淨土圖者莫不
敬禮道俗男女有志極樂有願往生者莫不結緣
經論疏記説其功德述其因緣者莫不披閲大
唐弘法寺釋迦才撰淨土論其中載往生者二
十人迦才曰上引經論二教證往生事實爲良

（1オ）

餘但衆生智淺不達聖旨若不記現往生
者不得勸進其心誠哉斯言又瑞應傳所載
四十餘人此中有屠牛販雞者逢善知識十念
往生予毎見此輩彌固其志今檢國史及諸人
別傳等有異相往生者兼亦訪於故老都盧得四
十餘人予感歎伏膺聊記操行號曰日本往生
極樂記矣後之見此記者莫生疑惑願我與一
切衆生往生安樂國焉

聖徳太子者豊日天王第二子也。母妃皇女夢有
金色僧謂曰吾有救世之願。願暫宿后腹。妃問為誰。僧曰
吾救世菩薩家在西方。妃答妾腹垢穢何宿貴
吾不厭垢穢、唯望感人間。躍入口中。妃即驚覚、喉
中猶似呑物。而奇之。妃自是有娠。及八月胎中有声
聲聞于外。出胎之時、忽有赤黄光至自西方、照曜殿内。
生而能言。知人挙動。百済国献経論。太子奏曰
欲披閲之。天皇怪而問之。奏曰、児昔在漢住南岳歴年

（2オ）

[illegible]十八年、修從佛道。時年六歳、即[illegible]披閲[illegible]
懐之人哉。奇[illegible]深[illegible]救[illegible]百済日羅来朝。身有
光明。太子微服從諸童子、入館而見之。日羅指太子
曰、是神人矣。太子驚去。日羅脱履而走。太子隠坐
易衣而出。日羅謝罪、再拝跪地、合掌敬礼救世観世音
傳燈東方粟散王。太子縦容而謝之。日羅身放
大光。太子亦眉間放光如日暉。謂左右曰、日羅者聖
人也。児昔在漢、彼為弟子。常拝日天、故身放光明。

推古天皇之為皇太子、万機悉委焉、太子聴政之日
宿訟未決者八人、同音白事、太子一々聴弁答之、大臣
以下稱之八耳皇子、高麗僧恵慈来朝、弘法内外、
尤深釈義、太子問十知百、講法花経中、有句落字、法
師答曰、他国之経無有、太子曰、吾昔所持之経、
有此字、法師答曰、経在何処、太子微咲答曰、在大隋
衡山寺、即稱摩可臣可為使者、以小野妹子遣於大
唐、令曰、吾先身所持法花経在衡山般若臺
中、以取来、又彼山吾昔同法、今遺三老僧

（３オ）

還此法服答之、妹子等人命渡海到衡山
過三老僧陳太子命、老僧歡喜即命沙弥取納
経一漆篋而授之。妹子取経頂戴、日此経
我所持。太子宮中有別殿、号夢殿。一月三度沐浴
而入焉。諸経疏有滞義者、即入此殿。常有金
人自東方来、告以妙義。太子閉戸不出七日七夜。時
人太異之。恵慈法師曰、太子入三昧、宜莫奉驚。八日
之晨、玉机之上有一巻経。引恵慈法師謂曰、是吾先身所
持之経也。

子経也吾近日遣魂取来指所落字而告師々大驚
年之先将来経在有此安古子莫怪也時古見之
子六時禮之冬十月廿三日夜従来忽然失此経不知所去
今納法隆寺経妹子所持来也太子也太子御製
法十七條手書奏之天下悦天皇請太子講勝鬘経三
日太子着袈裟握麈尾登師子座其儀如僧講竟之
夜蓮花零花長二三尺明旦奏之天皇太奇車駕臨
卜其地建立伽藍今橘寺是也天皇又令講法華経
経七日以播磨国水田三百町施給太子即施入法

（4オ）

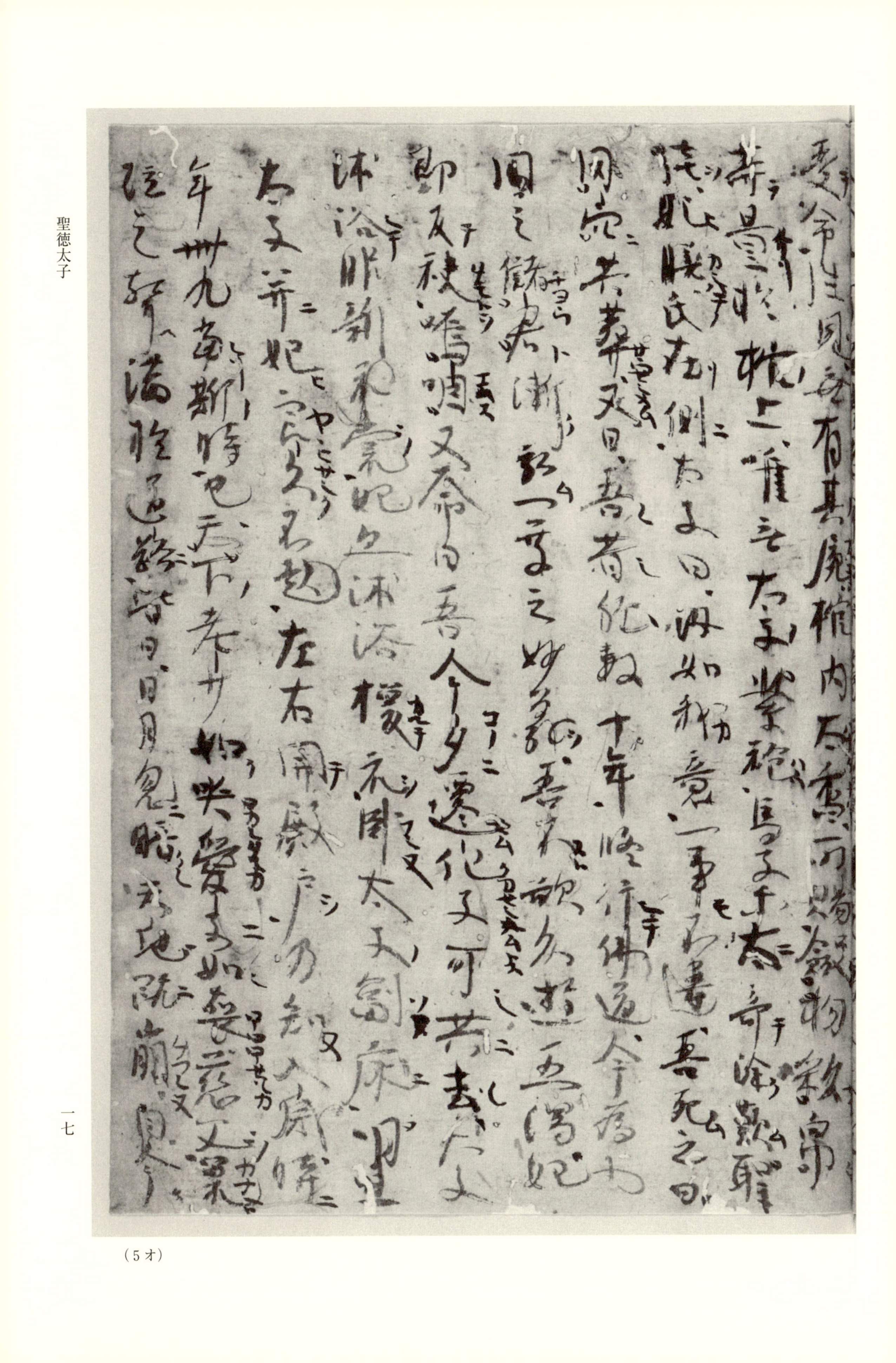

（5オ）

將永无依怙矣將斂葬太子并妃其容如生其
身太香擧其[illegible]輕如衣服[illegible]一片
太子薨高麗[illegible]慧慈聞[illegible]曰[illegible]太子誠是大聖也我
雖異境心在斷金獨[illegible]生有何益乎我以太子薨
日必死遇太子於浄土[illegible]二月廿二日太子薨
即死果如其言

行基菩薩俗姓高志氏和泉國大鳥郡人也菩薩
初出胎胞衣裹纏父母忌之閣樹岐上經宿見之出
胞能言收而養之少年之時與隣里村童相共讃歎佛法
[illegible]

（6オ）

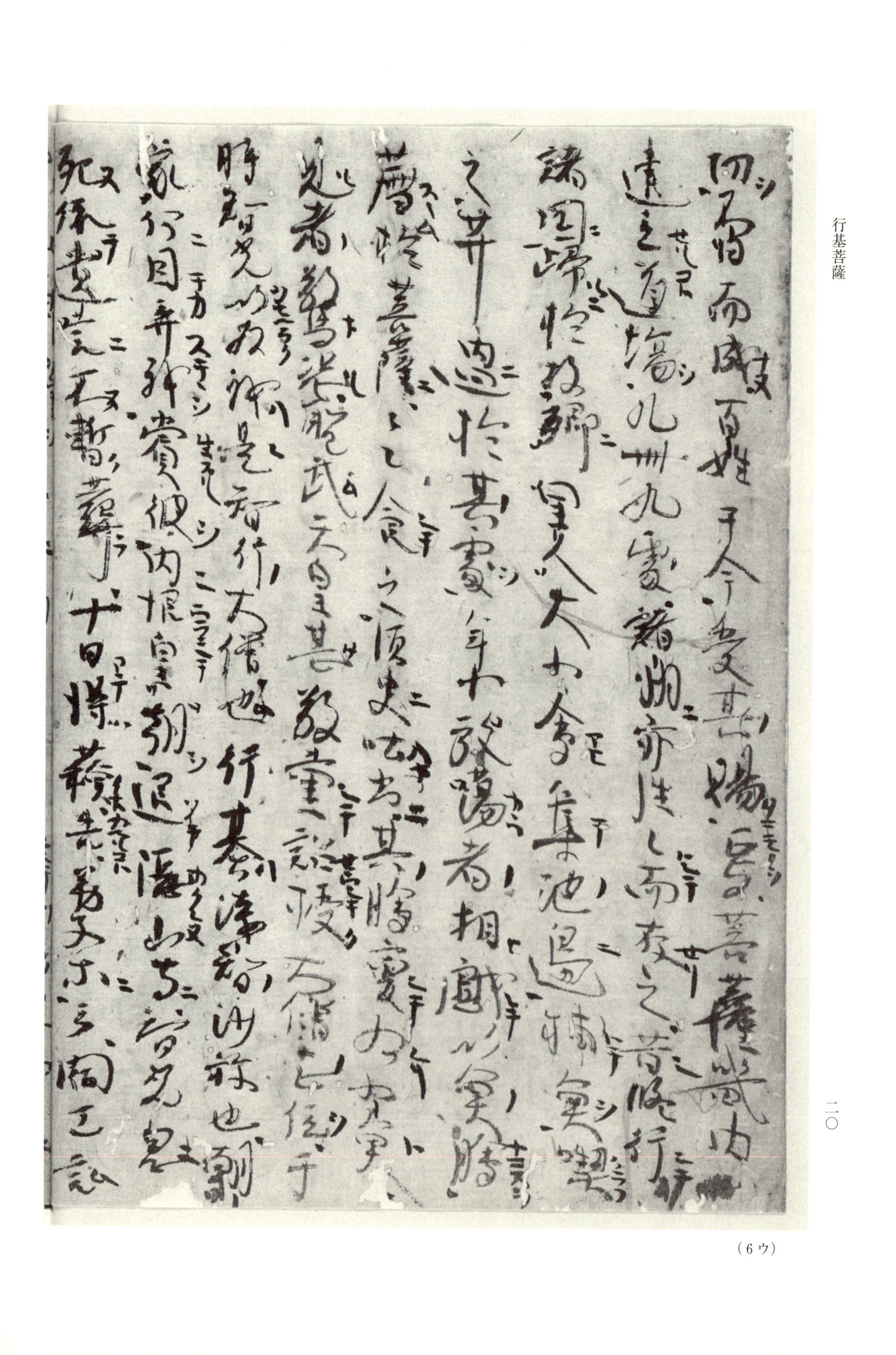

（6ウ）

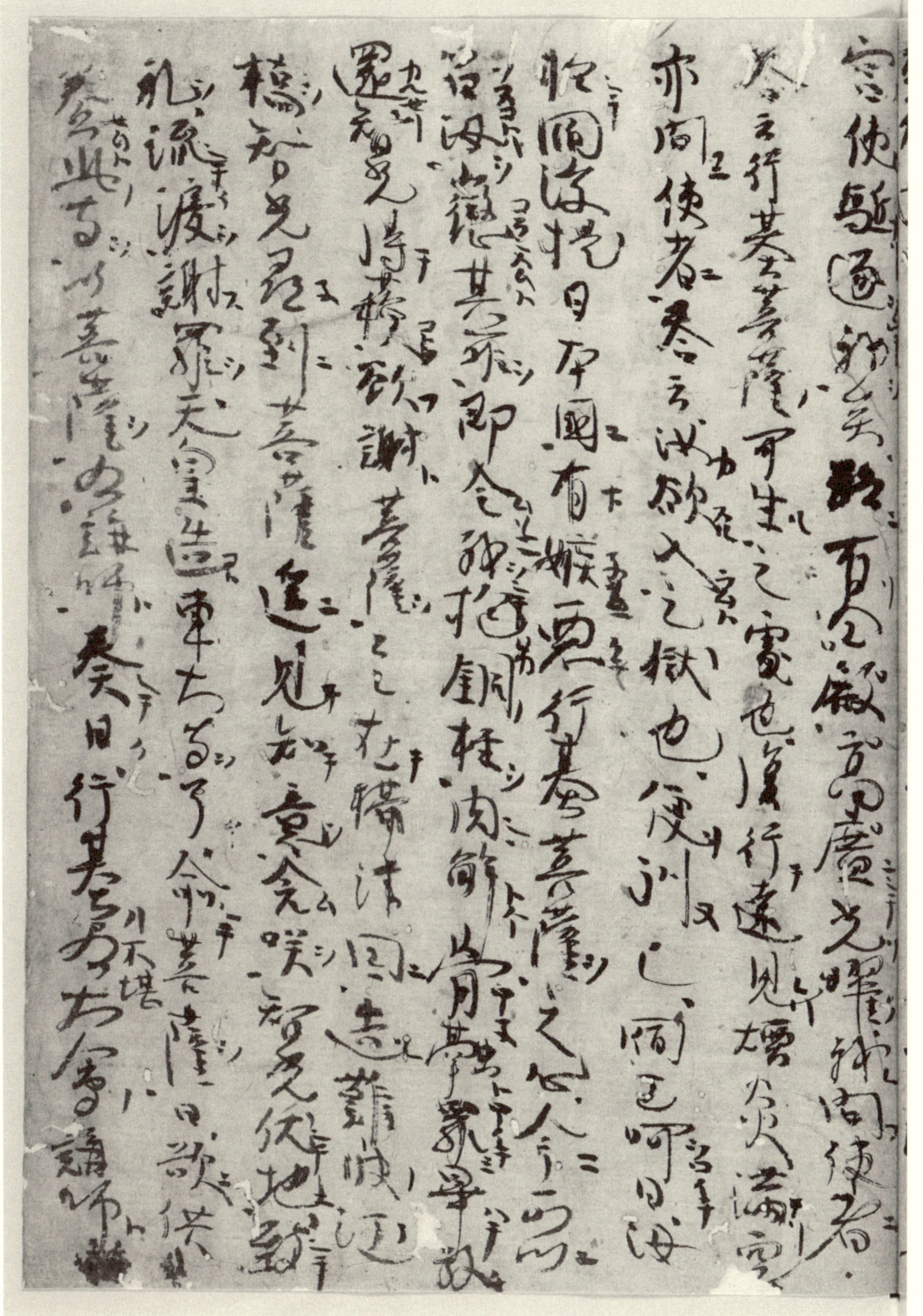

（7オ）

（7ウ）

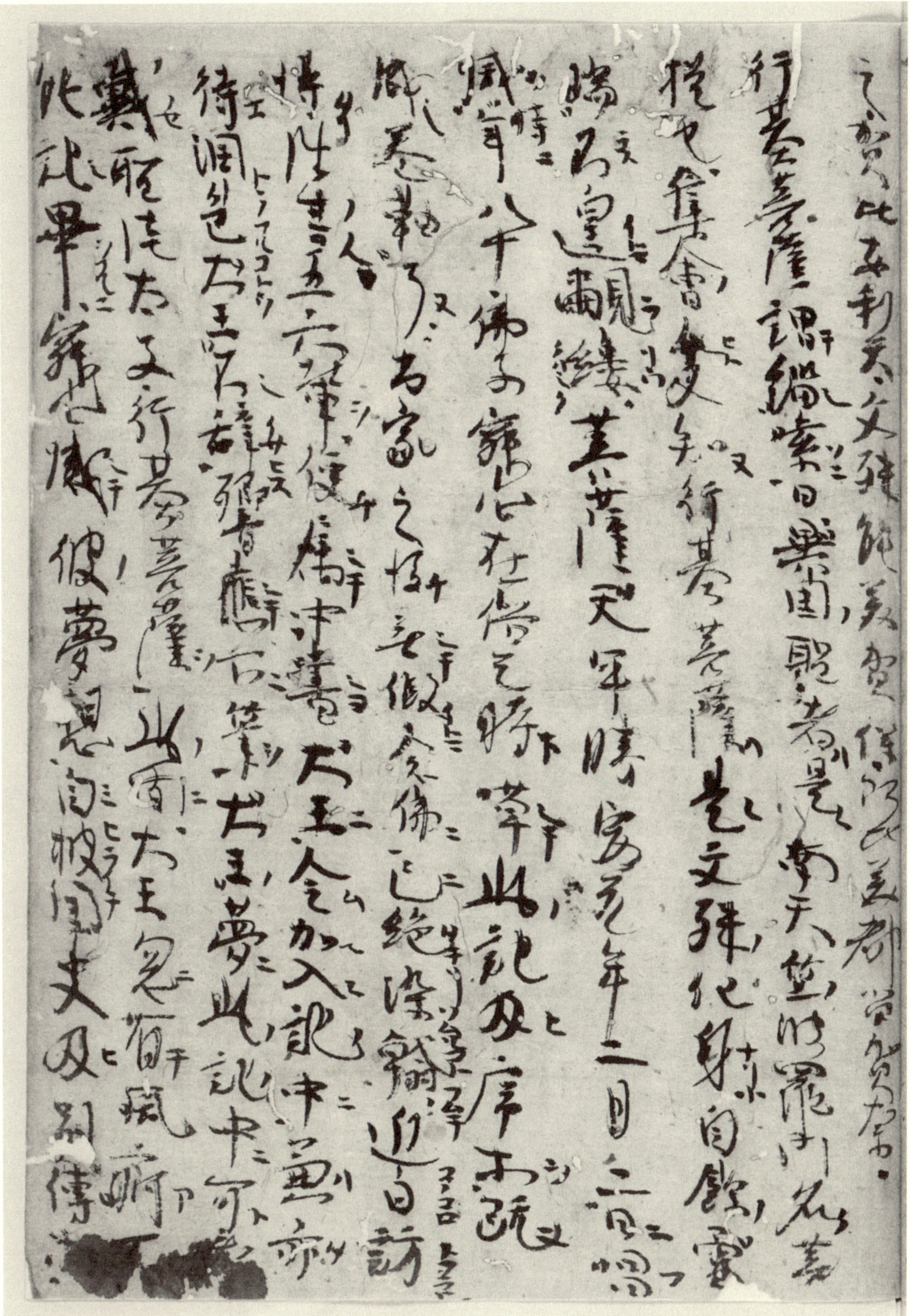

之加賀ノ比丘利天ノ文殊師利義[illegible]傍[illegible]郡[illegible]

行基菩薩謂[illegible]嘆曰樂園聞若是[illegible]天[illegible]羅門名[illegible]菩

提也集會[illegible]矣又行基菩薩是文殊師利化身[illegible]自餘[illegible]

臈乃皇遥聞[illegible]縁其菩薩天平勝宝元年二月二日唱

[illegible]八千佛子[illegible]心往[illegible]之時[illegible]此説及序不読

[illegible]養執乃及高乱之[illegible]七假[illegible]佛已絶[illegible]鑰仍遣白訪

[illegible]陸[illegible]五六[illegible]使[illegible]大王令加入記中[illegible]

待聞[illegible]大王[illegible]者[illegible]治[illegible]大王夢此記中可[illegible]

[illegible]太子行基菩薩[illegible]大王[illegible]

[illegible]記畢[illegible]彼夢[illegible]被[illegible]丈及別傳

（8オ）

棲入二菩薩應迹一之事云々

傳燈大法師位善謝俗姓不破勝、美濃國不破郡人也。初

從學[illegible]道業日ニ進、乃超二諳三宗學一、通二達宗一、桓武天皇

擢爲二律師一、[illegible]厭二行業一、觀二菩提一、梵福

山中、送二餘年一、行年八十一、遷化。往生[illegible]學

延暦寺座主傳燈大法師位圓仁、俗姓壬生氏、下野國都

賀郡人也。生有二紫雲之瑞一。大同三年、投家師事傳

教大師二三年、[illegible]

[illegible]之間、發[illegible]五臺山、到二諸道場一、遍[illegible]

（9オ）

律師隆海俗姓清海氏摂津国河辺郡人也世
渉漁釣為業也隆海幼少之時随漁者遊戯是時
講師薬円見而異之携帰付律師願暁令受三
論宗之義貞観十六年為維摩会講師任律師
仁和暮春遇風疾告門弟子曰就命将至
毎日沐浴念仏兼誦无量寿経要文及龍樹菩
薩讃羅什三蔵讃至于命終其声不断要至于一夜
遺弟等北首右脇明朝見之左手結无量寿如来印
恭歎之間其臭不堪
延暦寺座主増命左大史桑内安峯之子也其母

（10オ）

紫雲自聳、音楽遍空、香氣満室、…礼拝西方、…

新隠傍燒香、侍見如眠、入滅、斂葬之間、墓中有芳氣。

天皇遣使、慰勞問賜、謚號靜觀。

律師無空、平生之時、常念言、向謂非念…

埋葬遺弟、憂窮以萬錢、置于房内天井之上、欲支葬斂。

葬也。律師臨終、忘不及語。皈泉以後、即世、枇杷左大臣与

律師有故舊。大臣夢、律師不潔垢穢、衣裳枯槁、

来相語曰、我以有伏藏錢、貪恡之罪、受蛇身、食一

可書寫法華經。大臣自到舊房、撿得一万錢、下有

一小蛇、見人逃去。又大臣為亡人、書寫供養法華經一部。又

(11オ)

之相、語弟子曰、称心欲不安、若有音楽、汝聴乎、明日
即世矣。
僧都済源、心意潔白、不染世事、一生之間、全傳寺事、命
終之日、室有香気、空有音楽、常一両騎、自言曰、以湯浴
検米五石、就薬師寺、令修諷誦、律師称昔為寺別当
所借用是両三年、今臨終以報之。
延暦寺定心院十禅師成意、素性潔白、不染世事、
平生不好持斎、朝夕食之、弟子問曰、山上以懐寄斎
斎食、和尚何獨忽諸此事乎、師答曰、我本清貧
日供之外、更無他所得、今一念随有、令供米飯、我経日也

(12オ)

年与人不語、似有所失、智光怪而問之、都無所答、数年
之後頼光入滅、智光自歎曰、頼光者是多年親友也、頃
年無言語無行法、徒以逝去、受生之處善悪難知、二
三月間至心祈念、智光夢到頼光所、見之似浄土
問曰是何處乎、答曰是極楽也、以汝懇志示我生
處、早可帰去、非汝所居、智光曰願生浄土、何可
還耶、頼光答曰汝無行業、不可暫留、重問曰汝生前
無所行、何得生此土乎、答曰汝不知我往生因縁
耶、我昔披見経論、欲生極楽、静而思之、知不容
易、是以棄人事絶言語、四威儀中唯観弥陀相好

浄土荘厳、多年積功、今纔見也。然心意散乱、善根
微少、未足為浄土業因。智光白問、斯云、若為決
定可得往生。頼光曰、可問於仏。即引
智光共詣仏前。智光頭面礼拝白仏言、得修何善生
此土。仏告智光曰、可観仏相好浄土荘厳。智光言、此
土荘厳微妙広博、心眼不及、凡夫短慮、何得観之。
仏即挙右手、而掌中現小浄土。智光夢覚、忽
命画工、図夢所見之浄土相、一生観之、終得往
生矣。
延暦寺東塔住僧某甲、頂上有瓔、一旦身有病痊、

（13オ）

（13ウ）

見往生極楽之人云々、
然見十禅師兼算、性好施恵、心無瞋恚、自廿年時、
修法隠仏、帰依不動尊、頃年夢有人告曰、汝是前生
帰依隠仏一乞人也、当[illegible]附病、草苦七日之後忽見
起居、心神明了、語弟子僧曰、我今将終、空中有微
細楽、諸人聞不、便告諸弟子、一心念仏、[illegible]而[illegible]、口不麁
念仏、手不執宅、仰[不]而入滅矣、
口延暦寺楞厳院十禅師尋静、性存一心、清慎有
人来先勧念仏、十余箇年、不出山門、書読金剛
般若経、念阿弥陀仏、所修種々善根、以期極楽、行年

七十余歳已臥病床、令弟子等時念阿弥陀仏三昧、正
月上旬語弟子云、十日夜夢大光中数十禅僧擎宝
輿唱音楽、従西方来住虚空中、自謂是極楽迎也。
歴五六日、更加沐浴、三箇日夜永絶飲食、只念仏、又
令弟子僧、汝僧各分勧水、将試向許、有好観念之故
也。即向西方、合掌而終矣。
延暦寺定心院十禅師春素、一生披見摩訶止観文、常
念阿弥陀仏。春秋七十有四。冬十一月語弟子僧温蓮
云、我殆如年殊迎接聖衆、其使禅僧一人、童子一人、共着
白衣、々上有画、如雲花行、明年三月是其期也。

但今須断歟、今唯歟、奉至于明年正月、又今申
還遣日、弟使童子在於眼前、定可去向浄也、至日
如要之遷化矣、
延暦寺座主僧正延昌者、加賀国人也、僧正兼学顕密
尋惜今身受報、毎夜誦尊勝陀羅尼百遍、毎月
十五日招延諸僧、唱弥陀讃、兼令対論浄土因縁法花
奥義、平生常見先人命終之期、報曰以三七日不断念
仏、其修願之日、即入滅之時也、往年夢有四
朝臣之人、拝数甚衆、語僧正曰、以君欲生極楽者加一

切衆生書写法花一百部修之依承師書尊勝陀羅尼天
康年十二月廿四日令門弟三七日間令修不断念仏
明年正月十五日入滅廿日僧正沐浴浄衣向西方
偈頌曰西山日暮南浦露消了偈今夕必可相迎
言訖右脇而臥枕前奉安弥陀尊勝両像以糸繋
于仏手結着我手其遷化之期果如前言朱雀院
上皇帰依如師贈諡慈念矣
沙門空也不言父母亡命在世或云出自潢流口常唱
弥陀仏故世号阿弥陀聖或住市中作仏事又号市
聖遇嶮路即鏟之当無橋亦造之見無井則掘之

之、其日沙彌隱井、播磨國揖穂郡峯合寺有一切經、數年披閲、若有難義者、夢有金人常教之、阿波土左兩州之間有嶋、曰湯嶋、人傳有觀音像、靈驗掲焉、上人腕上燒香、一七日夜不動不眠、尊像新放光明、閉目則見、一鍛冶工過於上人、懐金而歸、陳曰、日暮路遠、非怖畏、上人教曰、可念阿彌陀佛、工人中途果遇盗人、心竊念佛、如上人言、盗人來見稱市聖而去、西京有一老尼、大和介伴典職之舊室也、一生之佛上人爲師、上人念之補綴一納衣、尼補畢、命婢曰我師今日可逢從迎、可覓參、婢還陳

（16オ）

入滅之后雲中有音楽歎見者奇之上人遷化之日著
浄衣擎香爐向西方以端坐語門弟子曰多仏菩薩
来迎引接気絶之後猶擎香爐此時音楽聞空香
気満室嗚呼上人化縁已尽帰去極楽天慶以往
道場聚落修念仏三昧希有也何況小人愚女多忌
之上人来後自唱令他唱之爾後挙世念仏為事
誠是上人化度衆生之力也
延暦寺阿闍梨伝燈大法師位千観俗姓橘氏其母無子
竊祈観音得蓮華一茎夢後有娠誕于闍梨
[illegible]在[illegible]聴受[illegible]学顕密莫不博渉従念之時以

不知壽、安作阿弥陀讃廿餘行、都盧老少以為
口實。極樂結縁者往々而多矣。闍梨夢有人語曰、信心
是深、豈非極樂上品之蓮。善根无量、定期弥勒下
生。闍梨製八事而誡徒衆、發十願而導群生。
遷化之時、手把願文、口唱佛号。權中納言敦忠卿第
一女子、久以為師、相語曰、大師命終之後、夢中必示生
處。入滅来、其夢闍梨乘蓮花船、唱昔所作弥陀
讃、西行焉。
延暦寺僧明靖、俗姓藤原氏、素嗜密教、兼為人之談

（17オ）

暮年有小病召弟子僧静真語曰地獄之火熾
現前眼今之佛之外誰敢救者須自他共唸念佛之
時即請僧侶執共令唱佛号又語静真曰眼前之火漸
滅西方之月微照識是臨終引攝之相也今命絶之
日強扶病沐浴西向氣絶矣

石山寺僧真頼就内供奉十禅師淳祐受真言法
問於三密受法以降五十余年三時念誦一時不休今命
終之日喚弟子長徽相語曰今日決定可入滅
所來經畢金剛界印契真言不可盡一乘便沐浴
使之人念誦弟子同称念寺中緇素山僧弟子大小御

應眉興移し、即西向入念、以念仏気絶矣。同寺僧
真頼夢、数十禅僧於堂前迎真頼而去。
又同寺僧広道、俗姓橘氏。数十年間、専修菩提業、不事
世事。寺辺有一貧女、寡居、養有両男子、為天台僧。兄
曰禅静、弟曰延昌。其母即世、二僧一心書読法花、修念
念阿弥陀仏、偏祈慈母往生極楽。当斯時也、広道夢、極
楽自観南寺西門老量音楽、数島色之其方、有三宝車、
数千僧侶、捧香鑪囲繞之、直到巳女家、即令著天衣、
菩載欲送。侍勅二僧曰、汝為母有翹懃。是以来迎也。
一夢之中、又有広道法、法二人相広道、広道不廿年入滅矣。

（18オ）

日吾異蘭盆道俗傾耳随喜已也蓋仁者多矣。
摂津国嶋下郡勝尾寺住僧勝如別起草菴蟄居其
中十餘年間禁断言語弟子童子相見稀矣。夜中有
人来叩柴戸。勝如以忌言語不得問之。唯以咳声令
知有人。戸外陳云我是播磨国賀古郡賀古駅
北邊沙弥教信也。今日欲往生極楽。上人其年月可得其
迎。故為告此由也。言訖而去。勝如驚怪明旦
弟子僧勝鑒令尋彼処。勝鑒還来曰
駅家北有竹廬。廬中有死人。群狗競食。廬内有
一老嫗一童子相共哭泣。勝以其使向悲情。嫗曰死人

是我更、此沙教信也。一生之間稱弥陀号晝夜不
休、以為己業。隣里雇用之人呼為阿弥陀丸。今終
矣。狗相剝、是以哭也。是童者即教信之兒也。勝
如聞斯言、自謂、我無言語、不如教信念佛、故往聚
落、自他念佛、及于期月、竟以入滅焉。
摂津国豊嶋箕面瀧下有大松樹。有修行僧寄居
此樹下。八月十五日夜、閑月明、天上忽有音楽及讃聲。
樹上有人、曰、欲迎我耶。空中答曰、今夜為他人向
他所也。可迎汝者明年今夜也。又乞他語、音楽

（19オ）

漸遠、樹下僧祈知樹上有人、便問樹上人云、此行者
哉、樹上人答曰、此卅八大願之發願也、樹下僧竊
相待明年八月十五日夜、至于期日、果如其語、微妙
音樂相迎而去、
治暦比僧平珍、少壯之時、好行爲事、晩年建立一寺、
而常住寺中、別起一堂、嚴飾極樂淨土之相、常以
爲願、平生常曰、入滅之時、與見聖衆、往生極樂、及于
人念佛、々々之聲、於晩念佛三昧、相語曰、音樂迎聞空
中、定是如來相迎也、便爲新淨土之衆、人念佛念氣

絶矣、
沙門増祐、播磨国賀古郡蜂目郷人也、少日入京住如
意寺念佛讀經矣、延二年正月身有小瘡、飲食忽衰
或人夢寺中西井邊有三車、問曰何車乎、車下人
荅曰為迎増祐上人也、其夢年初在井下今在
房前、因月晦日増祐謂弟子曰、死期已至、可備葬具、
堂僧聞之相集論議轉教念佛、至其時常晩
頭被扶弟子僧向葬處、先是去寺五六町許穿
一大穴、上人於穴中念佛即世矣、此時寺南廿許人
聞聲唱隨喜号、驚而尋見之、死人云々、

（20オ）

陸奥国新田郡小松寺住僧玄海稍畏妻子。暮年
離去。日読法花経一部。誦大仏頂真言七遍。以為恒
事。夢左右腋各生羽翼。向西飛去。過千万国。到七宝
地。自見其身。以大仏頂真言為左翼。以法花経為几
冬為右翼。回見此界。宝樹楼閣光彩漫暎。有一聖
僧。語曰。汝今何来。者極遠業界之辺地也。却後三日
可迎汝耳。玄海聞此語。飛帰如初。時妻子去初語
已死。皆尽悲泣。玄海得時蘇。弥講誦大頂真言経典焉。
年来遷化。豫知死期矣。
延暦寺沙門真覚者。権中納言藤敦忠卿第四男也。

初在俗時官歴右兵衛佐康保四年出家寂性師受
菩薩戒法阿弥陀経念仏諸経三時是修一生不断臨終之時
有微病相語同法衆曰有尼長白馬嘶鳴曰来之
即向西飛去又曰閻同即極楽之相鬢髪現前
蔵之日悽气曰我十二箇年所修善根人皆悉以迴
向極楽八蔵之夜三人同夢衆僧上龍頭舟来相迎
日西去
沙弥薬蓮信濃国高井郡中津村如法寺堂之間読
誦阿弥陀経無昼夜依号有男一女相随薬蓮語
二子曰明日暁可詣極楽欲浣濯衣裳洗浴身

(21オ)

禅。妻子営之、薬蓮投施調乱、独入仏堂。即語曰、至于明日午剋、可開堂戸。暁更微細音楽聞于堂中。明日午後開而見之、已無其身及持経亦。

沙弥尋祐、河内国河内郡人也。服俗之後、移住和泉国松尾山寺。常念弥陀、尊隆衆仏。性多慈悲、道心尤深。行年五十有余、正月一日、尋祐自頭痛、同剋[illegible]至亥剋、有大光明、普照山中。其草木枝葉、皆悉分明、不異昼日。当于斯時、尋祐入滅。光明漸消、人々夜有事、男女集会於寺、見此相、莫不悲感。明朝、里人定相向云、昨夜松尾山寺忽有大光、是何光哉。辛若失

□丈夫女児聞尋祐入滅皆致随喜

尼某甲光孝天皇之孫也少年適人有三子逢
年各已死其夫亦已寡婦観世无常出家為尼
日不再食念年無数因忽得霍病起居不便医曰
身疲労非肉食不可療之尼乍愛身命亦許令殺施其
所疾苦自然平復尼自性柔和慈悲於心故悲饉
身不敢駭之春秋五十有余忽有小病空中
有音楽里人驚奇尼曰仏来相迎西去今欲去云云
語而気即絶焉

(22オ)

尼某甲大僧都寛忠同産姉也。一生寡婦、終以入
道。僧都相迎寺辺、晨昏養育。尼及衰暮、唯念
弥陀。語僧都曰、明後日可詣極楽。此間欲修不断念
仏。僧都令衆僧三箇日夜修念仏三昧。重語僧
都曰、自西方宝輿飛来在眼前。但依仏菩薩以有
濁穢帰去云々。復使僧都修諷誦。如度明日
尼曰、聖衆重来、往生時至。隠几而坐、念仏入滅云々。

尼某甲伊勢国飯高郡上平郷人也。暮年出家。偏
念弥陀。尼多年有意、剥手皮奉図極楽浄土。雖

有懇志不能自剃于時一僧来向剃尼手授忽
尽見尊為浄土之相々一時不離其身命終之時
天有音楽石山寺真頼法師是其末孫也真
頼一妹女又往生極楽云々一族往生者三人矣

宮内卿従四位下高階真人良臣者少應進士挙以才名
自抽登歴諸司累宰三郡歯過知命深帰仏法自
読法花経念弥陀仏天元三年正月初得病素所
晩念仏読経不敢一廃先死三日其病自平以同
剃頭受五戒七月五日卒当斯時也家有香気
室有音楽雖遇暑月歴数日身不爛壊如存生

右近衛少将藤原義孝、太政大臣贈正一位謙徳公
第三子也。深帰仏法、永断葷腥。勤王之間、誦法花
経。天延二年秋、病疱瘡卒。少将命終之間、誦方便
品。気絶之後、異香満室。同府亜将藤高遠同禁
省、相交甚善。義孝卒後、夢中相逢、容貌如平
生。便詠一句詩云、昔契蓬莱宮裏月、今遊極楽界
（シカハカリチキリシモノヲワタリカハカヘルホトニハワスルヘシヤハ）
中風。

源憩者、内匠頭適第七男也。自少年時、志在仏法。敏
於読書。行年廿有餘、忽病。今日遂就世間之
家入道。平生偏念極楽。二日後、語人云、極楽語畢。

女従之、西方得聞有音楽、香日不聞之、又有一
孔雀翔舞翔前、毛羽光麗、手結定印、向西入滅
伊豫國越智郡人也、越智益躬為當州主簿、自
少及老勤王不倦、帰法弥篤、朝読法花、昼書國
務、夜念弥陀、以為恒事、未剃鬚髪、早受十戒、法
名定真、臨終身无苦痛、心不迷乱、結定印
向西念仏、気絶時、村里人聞有音楽、莫不歎異矣
女弟子伴氏、江州刺史彦真妻也、自卅年時、常念弥陀
修念、春秋三十有餘、以姪妻之、不同牀第、常念

（24オ）

終日移座于臨終來迎菩薩此女語云度冥言
頃年流實女久思晏穢宅有家就欲与宅一區
度冥是即諾又曰神諸極要廿有餘滞因思量之法
年有人送射矣數度其中有生鑄之度便於
井市泥彼起犬之中久學江湖之思妾暫閑
若以此敬鄉魔擾水井底之敬江中此女錦懷
之間蓮香満室雲氣炎矣菩薩向西方
終矣
女弟子小野氏山城守為未女右大弁佐安妾也
少自小年以心於仏法語見僧送教曰称讃佛覚知

（24ウ）

（25オ）

□月迄近、就中近日向寝屋上、今已往生之時也、
言訖即逝、母老苦痛。
近江国坂田郡女人姓息長氏、毎年採筑摩江蓮花
供養弥陀仏、偏期極楽、如此数年、命終之時、紫雲
纏身云々。
伊勢国飯高郡一老婦、白月十五日偏修仏事、黒月
十五日又営世事、其所勤修者、常買香花供郡
中仏寺、毎至春秋、折花相加、兼又以塩米菓
菜等分施諸僧、以為恒事、常願極楽、已経数
年、此女得病数日、子孫為勧化、将浣、扶起病

着、身率両手着衣服、向西臥落、見其左手持蓮花
一茎、花葉広七八寸、不似自界花、光色鮮研、香気
[illegible][illegible]、看病人問此花由緒、答曰迎我之人率持此
花、即時乃絶、衆人莫不随喜之、
加賀国有一婦女、其夫富人也、良人已後、杜栖
舟数年寡居、宅中有小池、池中有蓮花、常願
曰此花盛開之時、祈已往生西方、便以此花為贄、
供養弥陀仏、毎遇花時、以家池花、分供郡中諸
寺、寡婦長老之後、当于花時有恙、自言曰我及花

（26オ）

得病、往生極楽必矣、即招集家族隣人、別曰
西壁桐樹曰、今日者是我去痾浮之日也、言訖
即告、今夜池中蓮花西向而靡矣、
都盧卅五人
菩薩二百　比丘卅六人　沙弥三人　比丘尼三人
優婆塞四人　優婆夷七人
日本往生極楽記一巻
寛永九年五月十一日書写畢　同日了

（26ウ）

裏表紙

参考図版

日本往生極楽記

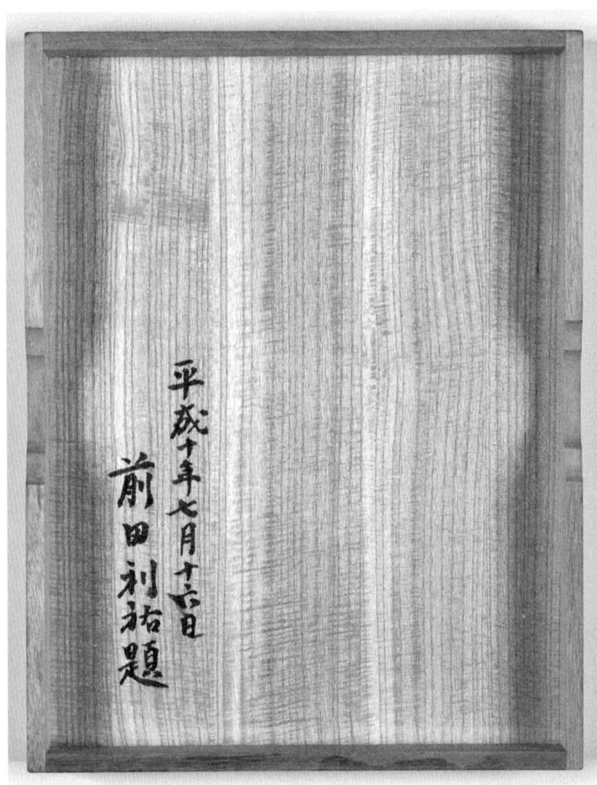

収納桐箱の蓋（表・裏）

包紙の上書

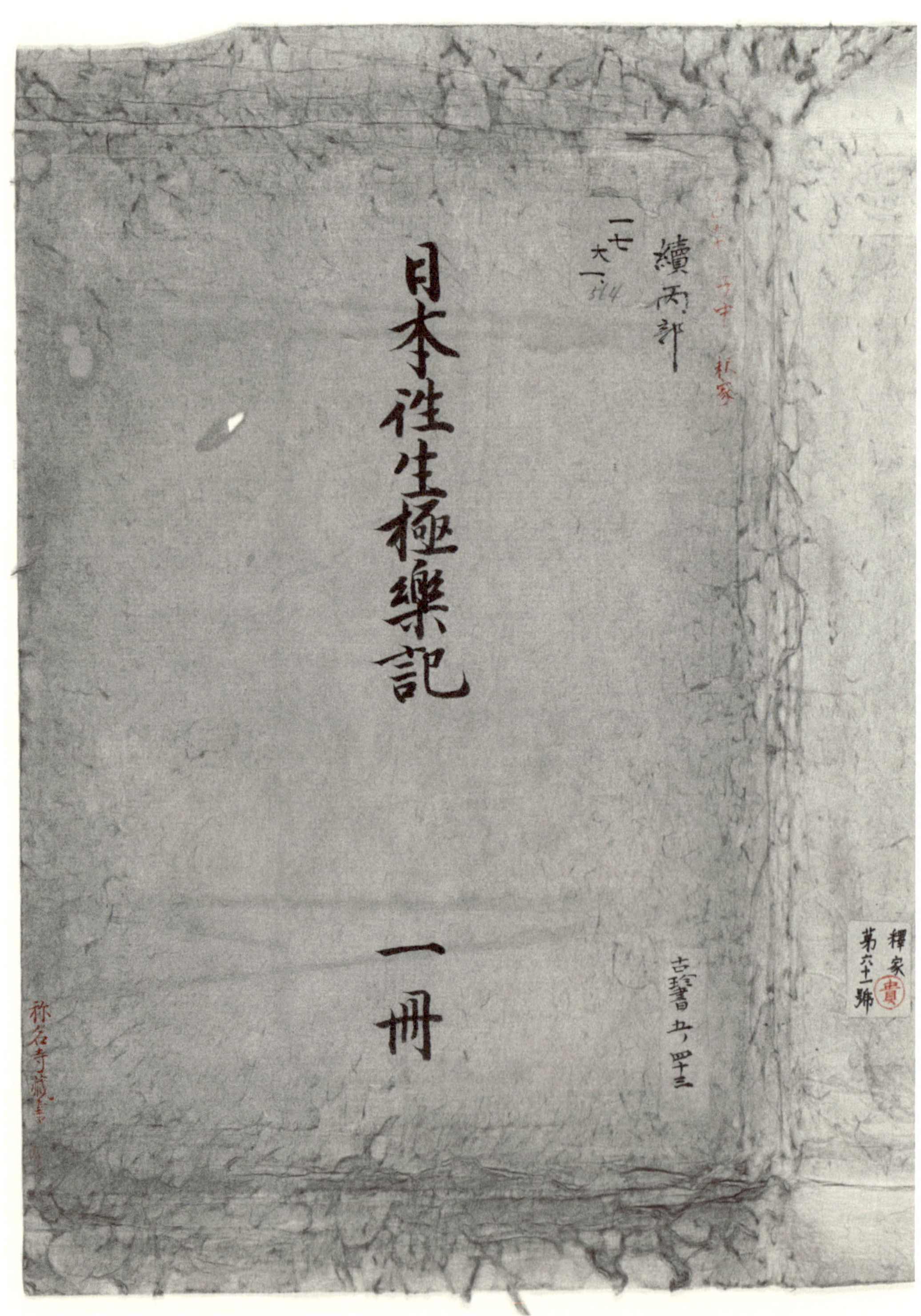

尊経閣文庫所蔵

『日本往生極楽記』解説

沖森卓也
石上英一

尊経閣文庫所蔵『日本往生極楽記』の訓点

沖森　卓也

一

日本における往生伝の嚆矢である『日本往生極楽記』の一本が尊経閣文庫に伝わる。鎌倉時代初期の書写にかかる本書には全文にわたって墨による返り点・句読点が施されている。これに加えて、墨による仮名点・声点が、冒頭の聖徳太子から行基菩薩・善謝・円仁・隆海・増命・無空の七人の伝および、これに続く明祐の二行分に付され、さらに、玄海（第二六話）の伝にも数カ所のみに仮名点が施されている。本文と同じ濃さによる墨点（仮名点）がある一方、濃い墨で書き記されたものも見えるが、いずれも同筆であると認められる。加点された仮名点は詳細で、ほとんど読み下すことが可能である。鎌倉時代に訓点が加えられた冒頭の七伝は、その七人の名が表紙の裏に、いわば目録として記されているが、これは実際に訓読された事実と呼応している。このほか、勝如（第二三話）の伝には朱による仮名点・句読点の加点が見えるが、これは序の補写とともに十四世紀前期の湛睿の筆によるものであろう（石上英一「尊経閣文庫所蔵『日本往生極楽記』の書誌」参照）。また、尾題および書写奥書は下って江戸時代のもので、書写奥書の「寛永元年五月十一日書写畢　同日一交了」は何らかの後世の補写あるいは加筆の時期を示すものかと推測される。

ところで、『日本往生極楽記』の古写本としては、応徳三年（一〇八六）に書写、加点された天理図書館本（天理図書館善本叢書　和書之部　第五十七巻『平安詩文残篇』一九八四　八木書店）がある。この二本は別の系統と見られており、訓点の面で見ても、天理図書館本が全文にわたって朱で仮名点・返り点・句読点・声点が加点されているのに対して、尊経閣文庫本は上記のように初めの部分に限られている。しかし、天理図書館本は部分的に加点を省略している箇所が数多くあり、たとえば、行基菩薩の伝では、尊経閣文庫本の方がより詳細な加点が施されている。いずれにしても『日本往生極楽記』の古写本の訓点が本邦撰述漢文に特有の仮名点による加点であることは、一般的傾向に合致するものである。

以下、尊経閣文庫本の加点の状況について少し解説を加えておくことにする。

二

二字の踊り字は「弥（イヨ）、、」（九オ8）のように、「□□、、」と記すも

尊経閣文庫本『日本往生極楽記』所用仮名字体表

ア	カ	サ	タ	ナ	ハ	マ	ヤ	ラ	ワ	ン
ア	カ	サ	大 タ	ナ	ハ	マ	ヤ	ラ	ワ	ン
イ	キ	シ	チ	ニ	ヒ	ミ		リ	ヰ	
イ	＼ キ	シ	チ	ニ	ヒ	ミ		リ	井	
ウ	ク	ス	ツ	ヌ	フ	ム	ユ	ル		
ウ 于	ク	ス 寸	ツ	ヌ	フ	ム	ユ	ル		
エ	ケ	セ	テ	ネ	ヘ	メ	エ	レ	ヱ	
エ	个	セ	テ	子	ヘ	メ		レ	ヱ	
オ	コ	ソ	ト	ノ	ホ	モ	ヨ	ロ	ヲ	
	コ	ソ	ト	ノ	ホ	モ	ヨ	ロ	ヲ	

のがある一方、「□、□、」から変形した「く」も用いられている。この場合、踊り字の起筆の位置や一筆書きなどの諸点から時代的な変容が見られることが知られている（小林芳規「中世片仮名文の国語史的研究」『広島大学文学部紀要』一九七一年　特輯号3）。

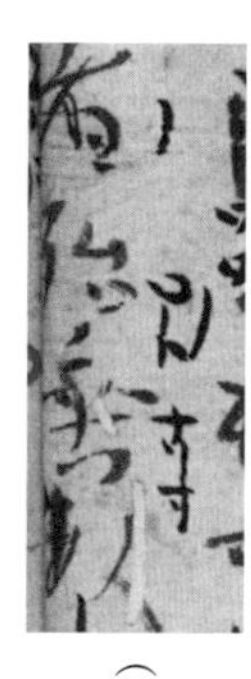
（五ウ10）

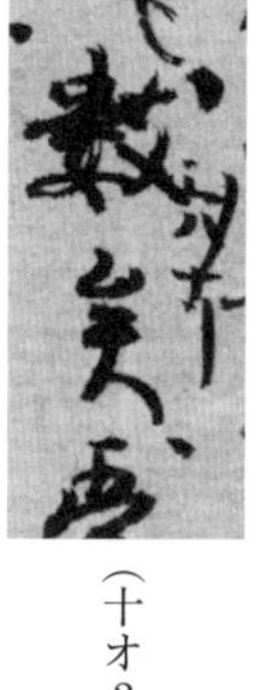
（十オ2）

右は二例とも上の字の右傍にあって、このような体裁は院政時代から鎌倉初期以前の様相を呈している。これによっても、尊経閣文庫本の加点時期が鎌倉時代初期であることが例証される。片仮名字体では一音節に複数の字体が用いられている場合があって、やや古体を保っている。たとえば、ウに「ウ・于」、キに「＼・卞」、スに「ス・寸」、タに「タ・大」などとある。このうち「卞」は「支」の崩れたものと見られるが、特異な字体である。

さて、訓読の片仮名表記をめぐって注意すべき点がいくつかある。

労問賜（イミナヲタマフ）　謚静-観（ト）。（十ウ3）

「謚」に付すべき「イミナ」という訓がその上にある「労問」に付されている。これに対して、九オ10には「賜謚慈覚」の「謚」にイミナとある。前者の例は、おそらく移点した際に誤ったものかと見られる。このことは次の例からも推測される。

身無（ニ　リカケリ）　余恙（ノコカ）（九オ5）

右は「身に余の恙なかりけり」と訓じたものであろう。ただ、「恙」の「コ」は「ツ」が「フ」のように見え、さらに踊り字の「、」が横線となっていたことから、「ツ、」を「コ」に誤ったものかと思われる。この例から見ると、尊経閣文庫本の仮名点は移点されたもの、もしくは一部にそれが含まれたものである可能性が高い。そのほかにも、「ツ」と「フ」に関しては次のような例が見える。

胞衣裹（ハウ　ニフ、ミ）　纏（マツハレリ）（五ウ8）

これは天理図書館本の「裹」には「ツ、ミ」とあるところから、あるいは移点の際に「ツ」を「フ」に誤ったとも考えられる。

所以召（ニソヌコトハ）　汝（ヲ）（七オ5）

大王不辞（シイサミス）（八オ8）

「召」も「メスコトハ」、「辞」も「イナミス」（「不辞」で「イナミズシテ」）の誤写かもしれない。

このような観点から改めて加点された訓を見てみると、先の「無」（九オ5）の傍訓「リカケリ」も「カリケリ」の誤りである可能性もあろう。

ところで、尊経閣文庫本には次のように、読みの中間を省略する表記が見られる。

垂（ナリ　ス）（五ウ10）（「ナリ（ナムト）ス」であろう）

これと同じように考えると、次の「謂」は「ヲ（モ）ヘラク」と見る立場もあろう。

自謂《ミヲヘラク》　我貧《マトシケレハ》　（十ウ4）

ただ、「謂」に思うの意はないことから、あるいは「ヲヘラク」は移点の際に「イ」を「ヲ」に誤ったもので、もとの本には「イヘラク」とあった可能性も否定できない。

ちなみに、その逆に、読みを語中のみ表記する例も次のように見える。

三《タノ》老僧　（三オ9）
三《タノヲ》司　（七ウ3）　〔「（ミ）タ（リ）ノ」であろう〕

右のように、尊経閣文庫本の仮名点は、少なくともその一部は移点された可能性が高いと推測されることから、その訓読には平安時代に遡る語法が含まれているとも見られるのである。そこで、注意すべき語彙を次に少しあげておく。

歩《アヨヒ》　（四ウ2）　〔天理図書館本は付訓せず〕
軽《カロキコト》　（五ウ2）　〔天理図書館本「キコト」三四五1〕
呵曰《ヲロイテ》　（七オ3）　〔「ヲロク」は「ヲロカ」と関係する語か。天理図書館本「ムテ」三五一3〕
骨融《ホネトロ、イテ》　（七オ5）　〔天理図書館本「トケ」三五一6〕
輸《フムテ》　（八オ6）　〔天理図書館本「フテヲ」三五六3〕
未曽臥寝《テフシネフラス》　（十オ3）　〔天理図書館本「イネ」三六三7〕
透《ツハクメル》　（十オ4）　〔第一字目は「ツ」の字体。天理図書館本「ツハクメル」三六四2〕
導《ムマフ》　（十オ10）　〔「ム（チヒキタ）マフ」か。天理図書館本「へ」三六五4〕
聳《ソヒケリ》　（十ウ1）　〔動詞「ソビク」の例。天理図書館本「ク」三六五6〕
貧《マトシケレハ》　（十ウ4）　〔天理図書館本「シ」三六六4〕

次に、音便の表記について少し見ておくことにする。イ音便・ウ音便は省くこととして、撥音便では次のように唇内と舌内とは区別されているようである。

選《エラムテ》　（八ウ9）　〔エラハレテにエラムテを重書したか。あるいはその逆か〕
去《インシ》年《シ》　（三ウ9）

また、促音便は一般には次のように無表記である。

宿訟《ムカシノウタヘ》　（三オ2）　躍《ヲトテ》入口《ヌニ》　（二オ4）
呼《ハテノヲ》彼馬　（六オ3）　慕《シタテヲ》化　（六オ5）
十日《アテ》　（六ウ9）　倚《ヨテ》　（十ウ2）

ただ、次の二例は注意される。

謂曰《カタフテ》　（三オ4）
掘《ニキムテ》　塵尾《ヲ》（返）（四オ6）

ラ行四段活用の連用形をそれぞれ「フ」「ム」で表記している。前者の「フ」は「ツ」の誤りかもしれないが、そのような可能性は「リ」を「フ」に誤った場合にも考えられ、また、「カタ（ラ）フテ」の表記であるとも見られなくもない。後考を俟ちたいと思う。

後者は成唯識論寛仁四年点に、「渉」に「ワタムて」（「て」はヲコト点）と加点されている例などが見える（築島裕『平安時代語新論』（東京大学出版会　一九六九）三八一頁）。促音便の表記と見てよいと思われる。

三

尊経閣文庫本の漢字音は体系として呉音・漢音いずれか一方であるとは決めがたい。

八(上)耳《シニ》(上)　（三オ3）（「耳」は漢音ジ　呉音ニ）
幼《イウ》(平)艾《カイ》(去)　（六オ6）（「幼」は漢音イウ　呉音エウ）
淳《スム》和　（九オ3）（「淳」は漢音「スヰン」「スン」）
洒《サイ》(平)掃《サウシテ》(去)　（十オ9）（「洒」は漢音サイ　呉音シャ）

右のように漢音形が用いられる一方、次のように呉音形も見られる。

遷《セム》-化《クヱセシメムトス》　（五オ6）（「化」は呉音クヱ　漢音クワ）
牧《モク》(平)児《ノ》(上)　（五ウ10）（「牧」は呉音モク　漢音ボク）

この点は差声された声調のあり方から見ても、かなり日本語化されている状況が看取される。それは、入声が基本的に認識されていない点に如実に表れている。たしかに入声が施された例も次のように存する。

蟄(入)居(平)　（八ウ8）
一(入)朝(平)　（十オ6）
一(入)室(入)　（十オ9）

この四字に差声された入声の例はいずれもイ段音を含むｔ入声であることが注意されるが、これに対して、次の十一例は入声字でありながら、上声または平声で差声している。

［入声→上声］
八(上)耳《シニ》(上)　（三オ3）（『広韻』「八」入声全清　「耳」上声）
憲(去)法(上)　（四オ4）（『広韻』「憲」去声　「法」入声全清）
斂《レム》(平)物(上)　（五オ1）（『広韻』「斂」上去声　「物」入声次濁）
聖(去)徳(上)　（五オ2）（『広韻』「聖」去声　「徳」入声全清）
異(去)国《ノ》(上)　（七ウ9）（『広韻』「異」去声　「国」入声全清）
歎(去)-息(上)　（十オ5）（『広韻』「歎」去声　「息」入声全清）

［入声→平声］
彩《サイ》(平)帛《白》(平)　（五オ1）（『広韻』「彩」上声　「帛」入声全濁）
同(平)穴(平)　（五オ4）（『広韻』「同」平声　「穴」入声全濁）
哀(平)哭(平)　（五ウ3）（『広韻』「哀」平声　「哭」入声次清）
牧《モク》(平)児《ノ》(上)　（五ウ10）（『広韻』「牧」入声次濁　「児」平声）
雅(上)楽《カク》(平)　（七ウ3）（『広韻』「雅」上声　「楽」入声次濁）

ｐ入声・ｋ入声、ならびにイ段音を含まないｔ入声の場合には、入声とは理解されていないようにも考えられる。ｔ入声はキリシタン資料にもいまだその痕跡をとどめている場合があるのに対して、ｐ入声とｋ入声が比較的早く開音化する日本語史上の事実を如実に反映している。

［p入声→ウ］妾腹（セウカハ）（二オ3）

その差声は、上字が去声の場合、入声であるべき下字が上声となり、上字が平声（もしくは上声）の場合、入声であるべき下字が平声となる傾向があるようである（結果的には、上声の差声が入声軽、平声の差声が入声重に多くは相当するということになる）。いずれにしても、入声が意識されていないという点は、漢字音の日本語音韻への同化を考える上で極めて注目される。

一方、平声軽については平声と区別される例もある。

風（平軽）痾（ア）（平軽）（八オ9）（『広韻』「風」平声全清　「痾」平声全清）

天理図書館本では六声で差声されており、右の「風」（非母）「痾」（影母）ともに平声軽が付されている（前掲書三五七頁第一行）。尊経閣文庫本もその差声の位置から平声軽と見て取れる。次の「芳」（敷母）も尊経閣文庫本では平声軽と認められる。

芳（ハウ）（平軽）気（去）（十ウ2）（『広韻』「芳」平声次清　「気」去声）

［天理図書館本では当該字は平声である（前掲書三六六頁第一行）。］

しかし、尊経閣文庫本の加点全体から見ると、体系的に六声で差声されているとは言いがたい。

ところで、先のような入声を除く声調注記には『広韻』の体系と異なるものが少なくない。たとえば、二字熟語について例示すると次のようである。

［『広韻』平声＋平声］

村（去）童（平）（五ウ9）　皇（平）朝（去）（六ウ8）

天（去）平（上）（八オ4）　中（平）書（上）（八オ7）

平（去）生（平）（十ウ4）　形（去）容（平）（十ウ7）

［『広韻』平声＋上声］

機（キ）（平）杼（チヨウヲ）（去）（六オ7）　高（去）広（去）（七オ1）

枯（去）槁（上）（十ウ7）

［『広韻』平声＋去声］

微（去）笑（上）（三オ6）　緇（平）素（上）（八オ2）

霊（去）瑞（平）（八オ3）　都（上）賀（上）（八ウ6）

滋（平）味（平）（九オ5）

［『広韻』上声＋平声］

断（上）金（上）（五ウ4）

［『広韻』去声＋平声］

万（去）機（去）（三オ1）　恵（平）慈（上）（三オ3）

故（平）郷（平）（六ウ3）

［『広韻』去声＋上声］

妹（平）子（上）（三ウ3）　異（上）-境（去）（五ウ4）

［『広韻』去声＋去声］

再（去）拝（平）（二ウ5）　幼（イウ）（平）艾（カイ）（去）（六オ6）

必ずしも精査したわけではないことを断った上で、あえて概数を示すと、その声調が『広韻』に合致する字が約一二九、合致しない字が約八六（前記の入声字を含む）である。すなわち、六割ほどが『広韻』と合致し、四割ほどが合致しないということは、先にその音形で見たのと同様に、漢音の声調体系と、呉音を含む日本語化された声調体系とが入り交じっているというように考えざるを得ない。少し次に例示しておく。

（a）幼《イウ》（平）艾《カイ》（去）（六オ6）

［天理図書館本「幼《イウ》（平）艾《カイ》（去）」三四八2、『広韻』去声＋去声］

「幼」は観智院本『類聚名義抄』では和音注に去声が差声されており、『法華経単字』『法華経音』などでも同じであることから、呉音は『広韻』と同じく去声と見られるが、二本とも平声であるということは、漢音の「去声＋去声」が「平声＋去声」へと声調変化をした結果によるものかと見られる。

（b）茶（去）毘（上）（九ウ9）

［天理図書館本「茶（去）毘（上）」三六三2、『広韻』平声＋平声］

『法華経単字』『法華経音』ではそれぞれ去声、平声であって、その呉音の「去声＋平声」が「去声＋上声」に変化したかと考えられる。

（c）風（平軽）痾《ア》（平軽）（八オ9）

［天理図書館本「風（平軽）痾（平軽）」三五七1、『広韻』平声＋平声］

「風」は観智院本『類聚名義抄』の和音注や『法華経音』などに去声とあることから、尊経閣文庫本に加えられた声調は漢音によるものである。

（d）断（上）金（上）（五ウ4）

［天理図書館本「断（去）金（平）」三四五4、『広韻』上声＋平声］

「断」は観智院本『類聚名義抄』の和音注や『法華経単字』などに平声、「金」は『法華経単字』などには去声とあることから、尊経閣文庫本は漢音の「上声＋平声」から転じたものかもしれない。天理図書館本も同じく漢音からの変化かと見られる。

　右のように尊経閣文庫本と天理図書館本との間で差声に違いがあるということは、差声が字書的な機械的なものではなく、実際に口頭語として用いられていたままに声調を付したことを意味するのであろう。これに対して、この二本および『広韻』で同じものについては、漢音に基づく声調が用いられていたことも確認される。

神（平）人（平）（二ウ4）

［天理図書館本「神（平）人（平）」三三三1、『広韻』平声＋平声］

大（去）隋（平）（三オ6）

［天理図書館本「大（去）隋（平）」三三五5、『広韻』去声＋平声］

隣（平）子（上）（五ウ9）

［天理図書館本「隣（平）子（上）」三四六5、『広韻』去声＋上声］

次に、撥韻尾についてみると、次のようにm韻尾・n韻尾ともに「ム」で表記している。

［m韻尾］

斂《レム》（五オ1）　隣《リム》（平）-子（上）（五ウ9）

斂《レム》（平）葬《サウ》（去）（十ウ2）

［n韻尾］

遷《セム》-化《クヱセシメムトス》（五オ6）

淳《スム》和（九オ3）（「淳」は漢音「スキン」「スン」）

片石（十オ6）（左傍訓「ヘムノ」）

嗚（平）-咽（エムス）（平）（5オ6）（「エム」の「ム」は、あるいは撥音便の「ム」表記と同じくt入声を示すものかもしれない。）

m韻尾とn韻尾の区別をなくすという鎌倉時代の音韻状況をまさに示している。また、長音化したかと見られるものも二例見える。

儲（チョウ）（平）君（平）（5オ5）（『広韻』チョ平声　平声）

機（キ）（平）杼（チョウヲ）（去）（六オ7）（『広韻』平声　チョ上声）

このほか、ルをリウとした例もあり、「留・流」などからの類推で、漢音形を誤ってリウとしたものかもしれない。

鸁（ラ）縷（リウ）（八オ4）（「縷」は呉漢音ともル）

四

尊経閣文庫本は天理図書館本よりも加点が詳細な部分も多く、鎌倉時代初期の訓み下しや表記を知る上で重要な資料である。また、漢字音の資料としても有益であり、さらに考察が加えられることを切に望む次第である。

最後に、本解説を書くにあたって原本調査の御許可を賜った前田育徳会尊経閣文庫、ならびにお世話くださった橋本義彦先生、菊池紳一先生に謝意を表する次第である。

［参考文献］

宇都宮啓吾「前田育徳会尊経閣文庫蔵『日本往生極楽記』解説並びに影印」（『鎌倉時代語研究』第十七輯　一九九四　武蔵野書院）

尊経閣文庫所蔵『日本往生極楽記』の書誌

石上英一

序

『日本往生極楽記』は、慶滋保胤（長保四年〔一〇〇二〕十月二十一日寂）[1]が著述した日本における往生人の伝記集である。そして、『日本往生極楽記』は、一〇～一二世紀における浄土教・法華経信仰の展開の中で著述された幾つかの往生伝・法華験記のなかで最初に著述されたものであり、また源信の『往生要集』の撰述と密接な関連をもつことにおいても、浄土教思想展開の画期となる仏書として評価されている。

尊経閣文庫所蔵『日本往生極楽記』一冊は、『尊経閣文庫国書目録』（一九三九年）に「日本往生極楽記　慶慈保胤撰　写一(冊)　一七(架)一(号)　大」と著録されており（五六四頁）、重要文化財に指定されている。尊経閣文庫所蔵『日本往生極楽記』（以下、尊経閣文庫本とも記す）は、武蔵国金沢の称名寺の第三代住持湛睿（文永八年〔一二七一〕生、正平元年〔一三四六〕寂）の所持本である。

『日本往生極楽記』の古写本には、尊経閣文庫本のほかに、天理大学附属天理図書館所蔵本（『天理図書館善本叢書』和書之部第五十七巻平安詩文残篇、一九八四年、に影印・解題）、七寺所蔵本（重要文化財「七寺一切経」の中。『馬淵和夫博士退官記念説話文学論集』、一九八一年、に翻刻・解題〔倉田邦雄、一九八一〕）がある。また、国立公文書館内閣文庫所蔵本（一九二―四六〇。『真福寺善本叢刊』第二期7・史伝部三・往生伝集、二〇〇四年、に影印・解題）は、和学講談所旧蔵の近世後期の写本であるが、その親本は真福寺伝来の古写本（今佚）であり（山崎誠、二〇〇四、三八三～三八四頁）、後述の古写本概観では、上述の三本とあわせて紹介することにしたい。

尊経閣文庫所蔵『日本往生極楽記』は、井上光貞・大曾根章介校訂・注解の『日本思想大系』7往生伝・法華験記（岩波書店、一九七四年）に、訓読・翻刻され、あわせて語釈・補注と解題も記され、歴史学・仏教史学・説話文学研究において広く利用されている。また、尊経閣文庫本は、宇都宮啓吾「前田育徳会尊経閣文庫蔵『日本往生極楽記』解説並びに影印」（宇都宮、一九九四）により、解題を附して影印が公開されたことがある。この度は、新たに撮影を行い、『尊経閣善本影印集成』に精細画像を提示し、広く学界の利用に供するものである。

一　書誌

1　重要文化財

尊経閣文庫所蔵『日本往生極楽記』は、平成八年（一九九六）に重要文化財に指定された。重要文化財指定書には、次の如く記されている。

書第二四九三号

　重要文化財指定書

日本往生極楽記　一冊

　現寸法　縦二七・八センチメートル　横二一・三センチメートル

本紙寸法　縦二七・六センチメートル　横二一・一センチメートル　紙数二八紙

袋綴装（明朝装）

料紙　楮紙　無界

首題「日本往生極楽記朝散大夫行著作郎慶保胤撰」

尾題「日本往生極楽記一巻」

本文　半葉八行、行体真名文。文中明祐途中迄に略同時代の墨傍訓、送仮名、返点、声点等あり、末に所載人数を記す。

巻末に本文と同筆にて「寛永（マヽ）元年五月十一日」の書写校合奥書あり。巻頭旧表紙、見返、及び第一丁序は湛睿伝領時の補写になる。

右を重要文化財に指定する

　平成八年六月二十七日

　文部大臣　奥田幹生「文部／大臣／之印」（方形朱印）

右の書誌情報に要点は尽されているが、なお、若干の情報を記そう。

2　箱と包紙

尊経閣文庫所蔵『日本往生極楽記』一冊は、現在は、重要文化財指定の後に製作された、被せ蓋の桐箱（縦三四・六糎、横二六・八糎、蓋高さ三・六糎）に納められている。蓋の表の中央には、「日本往生極楽記」の題が墨書され、蓋裏には「平成十年七月十六日／前田利祐題」の墨書がある（参考図版七一頁）。前田利祐氏は、加賀前田家第十八代当主である。蓋の地の小口外面には、「釋家　㊎（朱丸印）／第六十一號／日本往生極楽記」と記した蔵書票（縦三・四糎、横二・五糎）が貼り付けられている。

また、包紙が残されている（参考図版七二頁）。包紙は、楮紙を数枚貼り重ねたもので、縦三五・五糎、横五二・六糎の大きさである。包紙の外面の左半部（包みの上面）には、中央に「日本往生極楽記一冊」の墨書の題があり、右上に「古本　子中　釈家」の朱書と「續丙部」の墨書がある。「續丙部」の墨書の左には、「一七／大一、

564」と書した隅切の蔵書票（縦三・〇糎、横二・一糎）がある。また、包紙の上面の右下には、「古珍書　五ノ四十三」と墨書した蔵書票（縦三・八糎、横一・四糎）が貼られ、左下には「称名寺蔵書□□」（「□□」は紙面が傷み読めない）の朱書がある。さらに、包紙の外面の右半部（包みの下面。ただし、料紙の右端から約八糎左までは包んだ場合、左半部の下になる）の左下隅には「釋家／貫（朱丸印）／第六十一號」と記した蔵書票（縦二・七糎、横一・九糎）が貼られている。包紙は包んだ状態で上下端を折り曲げるので、包みは約縦三一糎、横二二〜二三糎の大きさとなる。この包紙は、近世のものと考えられる。

3　表紙・裏表紙と遊紙

尊経閣文庫所蔵『日本往生極楽記』の装訂は、現状は、四目綴の袋綴装である。本体の前後に、新表紙・新裏表紙が取り付けられている。また、原表紙・原裏表紙と本文料紙は、裏打ちによる修補がなされている。料紙に裏打ちをし、新表紙を取り付けた修理が行われた時期は不詳であるが、近代と推定される。

新表紙と新裏表紙は、薄褐色の厚手斐紙で、大きさ縦二七・八糎、横二一・二糎である。新表紙の右上には、「一七／大一、」と記した隅切の蔵書票（縦三・一糎、横二・一糎）が貼り付けられている。新表紙、新表紙見返し、新裏表紙、新裏表紙見返しに、墨書はない。

新表紙見返しと新裏表紙見返しは、貼り継いだ楮紙を二つ折りにして（折目が小口）、それぞれ新表紙と新裏表紙に貼り付けてある。新表紙見返しの場合、新表紙裏に貼り付けられている面の小口より右方へ一七・五糎のところに縦に紙継目（左側の紙が上、糊代は〇・四糎）がある。新裏表紙見返しは、新裏表紙に貼られている面の小口より一七・七糎のところに縦に紙継目（右側の紙が上、糊代は〇・八糎）がある。新表紙見返しの小口側中央部の新裏表紙側の面、新裏表紙見返しの小口側中央部の新表紙側の面に、それぞれ小口側を底辺とする三角形の染み（小さな染みの点の集まり）がある。新裏表紙見返しの三角形の染みは底辺（小口の縁）約七糎、高さ（ノド方向）約一〇糎、新表紙見返しの三角形の染みは底辺（小口の縁）約四糎、高さ（ノド方向）約四糎で、大きさは異なる。また、紙継目の状態から見て、新表紙見返しは起請継ぎ（後述の如く巻首遊紙、巻末遊紙も起請継ぎ）で、新裏表紙見返しは右上継ぎであり、いずれかが天地逆になっている可能性もある。しかしながら、それぞれの中心線（小口の縁への垂線）の位置は天地中央であり、両見返しが正立でも、いずれか一方が天地逆であっても、小口における同位置の染みであることがわかる。なお、新表紙見返しの天辺・地辺には、縁にヤケがある。

新表紙に次いで、原表紙がある。原表紙の大きさは、原裏表紙の大きさと同じで、現状で縦二七・六糎、横二一・一糎である。原表紙と原裏表紙は、楮紙である。新表紙取り付けにより、ノドの幅（ノドの端から糸穴までの長さ）が一・三糎となり、新表紙の縦折目位置がノドの端より一・五糎となっているので、ノドの綴代に隠れて原装訂の袋綴の様子は不明であるが、原表紙も本文料紙も二つ折りになっており、原装訂も現装訂と同じく袋綴装であったことがわかる。原表紙の綴じは四目であろう。原表紙は、虫損があり、本文料紙と同じく、裏打ちされている。原表紙は、中央に「日本往生極楽記」の外題が墨書され、右下に所持を示す「湛睿」の墨書がある。僅かに右上がりの「湛睿」の墨書（現装訂により文字の右端が僅かに一～二粍程新表紙見返しのノドの下に入る）は、手元で見ることのできた、称名寺所蔵（神奈川県立金沢文庫保管）の「観経定善義見聞集」下巻の正安二年（一三〇〇）湛睿奥書と「諸行本願義」の正安二年湛睿奥書の「湛睿」との自署（神奈川県立金沢文庫、一九八二、二五・二九頁）、「華厳信種義聞集記」（奈良国立博物館、二〇〇五、九五・一一九頁）の表紙右下墨書（「伝領湛睿」）、あるいは「華厳演義鈔纂釈」の建武二年（一三三五）跋の自署（納富常夫、一九八二、巻頭図版3、D、四九七～四九八頁）と同一と観察されるので、湛睿の自署と見てよい。

原表紙の見返し（表紙料紙の左半部）の右端には、次の墨書がある。

聖徳太子　行基井　善謝　圓仁慈恵也　隆海

増命　無空愛銭貨交虵身写法花免虵道

「善謝」は、「□〔大カ〕□〔善カ〕□□」（□〔善カ〕は「謝」の下方）を擦消した上に書かれている。見返しの墨書は、冒頭からの七人にあたる本文第二丁表の聖徳太子、第五丁裏の行基菩薩、第八丁裏の傳燈大法師位善謝、第八丁裏の延暦寺座主傳燈大法師位圓仁、第九丁裏の律師隆海、第九丁裏の延暦寺座主僧正増命、第一〇丁裏の律師無空に対応する。

また、七人は、八人目の東大寺戒壇院和尚律師明祐の二行目（第一一丁表第五行）まで附与されている仮名点（それ以降も句点、返点「一」はあり。第一一丁裏第八行、第一二丁裏第四行、第一三丁表第七・八行の仮名点は後筆〔後述の如く湛睿筆〕）の範囲に重なるので、仮名点を加えて訓読した伝に対応している（本書の沖森卓也「尊経閣文庫本『日本往生極楽記』の訓点」参照）。したがって、原表紙裏の七人の名前は、目録ではなく、訓点（訓仮名・声点）を加えた伝について順次記した覚書に相当する書入れである。そして、原表紙見返し墨書は、叙を除く本文の文字と同筆である。

原表紙の外題と見返し墨書は、湛睿の伝領以前に書されていたと推定される。このことは、沖森「尊経閣文庫本『日本往生極楽記』の訓点」において、訓点が「鎌倉時代初期」の内容を伝えるとされていることからも裏付けられる。

原表紙は、料紙を小口で折って袋にしているが、内面に墨汚れが多数ある。写真版からも見える内面の墨汚れの場所を示そう。例えば、表紙面の外題の「往生」の左方五糎のところ、さらには「湛睿」の左斜め上方のそれぞれの裏面（内面）に墨汚れがある。見返し面も、「命」の左方、「無」の左方、外題の「極」の位置に対応するところ、「圓仁」の左方六糎、九糎のところに、それぞれ裏面（内面）に墨汚れがある。原裏表紙の二つ折りにした内面には墨汚れは見えない。原裏表紙の右下部分には刷毛目状の斜めの筋目が見え、原裏表紙の料紙を袋にした内面には水平方向の板目が見える。ただし、原表紙は料紙面の荒れによりそれらは見えない。本文料紙の第二紙以下は、例えば第二丁表左端のように、表面に板目が見えるところがある。原表紙と原裏表紙は、本文の第二紙以下と共の料紙で、紙の表裏を返して使用していると考えられる。原表紙の内面に残る墨汚れは、本文書写の際に、上にあった料紙に書かれた文字の墨が下敷とされていた原表紙料紙に透った墨汚れ、または書写直後の料紙文字面からの墨移りであろう。原表紙の虫穴は、本文第一紙及び同第二紙と一致する。

原表紙の次に、楮紙で白紙の遊紙が一丁ある。この巻首遊紙は、新表紙見返し・新裏表紙見返し巻末新補遊紙と同質の料紙で、小口を折目にして袋になっている。巻首遊紙の表の小口からノドの方向に一七・八糎程のところに紙継目（左側の紙が上、糊代〇・四糎）がある。巻首遊紙の表の小口側中央部に、新表紙見返しの小口側中央部の染みに対応する点状の染み（点状の染みのある範囲は新表紙見返しの染みよりも狭い）が見える。したがって、この巻首遊紙は、もと、現状の新表紙見返し料紙と重なっていた期間があったことがわかる。また、この新補遊紙に虫損はない。

巻末は、本文料紙第二六紙に続いて、新補遊紙二丁が綴じ込まれ、その次に原裏表紙が綴じ込まれ、最後に新裏表紙が取り付けられている。

巻末新補遊紙二丁は、現状で見ると、それぞれ半丁の大きさで小口で離れている。巻末新補遊紙第二紙は、小口から右へ八・七糎の位置に紙継目（左側の紙が上、糊代〇・四糎）がある。現状の綴目の部分はきつく、新補遊紙二丁のノドの部分を観察することはできないが、この二丁は一枚の料紙でノドを折目としていると考えられる。この推定を支えるのは、巻末新補遊紙第一紙の中央部ノド寄りの裏面に、新裏表紙見返しの小口中央部の裏面の染みと対応する点状の染みの群（点状の染みのノドの縁より小口の方向への拡がりの長さは約一〇糎）があることである。したがって、巻末新補遊紙第一丁の裏面が新裏表紙見返しに接していた時期があったことがわかる。すなわち、巻末遊紙第一丁・第二丁を天地逆にし、現状第二丁表と現状第一丁裏を表とし、両丁のノドを小口の折目とすることにより、巻末遊紙第一丁裏の染みが二つに折った一丁の裏の小口に位置することになり、新裏表紙見返し小口側の染みに重なることになる。このように考えたとき、巻末新補遊紙第一丁と同第二丁は、もと、現状のノドを折目にしてつながる袋綴の一丁分の料紙であったことが明かになる。

新裏表紙は、新表紙と同質の料紙で、見返しに新補遊紙と同質の料紙が二つ折りにして貼り付けられている。巻末の新補遊紙と、新裏表紙見返しは、同質の楮紙である。巻末新補遊紙も新裏表紙見返しも、虫損はない。

現状の原表紙の右下の「湛睿」の墨書の右端が一～二粍程、新表紙を開いた時の折目に隠れるほどに右に寄っているという状態の不自然さ、及び本文料紙のノドの脇の行が現状ではノドの綴代に隠れるところが多いことは（一-7参照）、現装訂への改装の際に原表紙・本文料紙の右端が一糎程度切除されたことを示していると考えられる。

このような復元案について、一見、不都合に思われる様態は、原表紙の書き外題の位置である。現状で、原表紙の書き外題の中心線（「本」の縦棒）は、左端の小口より右に九・七糎である。現状の原表紙の横幅二一・一糎の左右中心は、小口より右へ一〇・六糎の位置となるので、書き外題は現状でも中央より一糎程左寄りになっている。仮に原表紙の原横幅が二二糎とすると、小口から右に一一糎の位置が表紙左右中心線となり、ノドより綴目までの一糎を除いた横幅二一糎の左右中心線は小口から右に一〇・五糎の位置になる。現状の原表紙、または復元された横幅の原表紙のいずれにしても、書き外題は、表紙の左右中心あるいは、綴代を除外した面の左右中心より左に寄っていることになり、多少、不自然な位置となる。しかし、書き外題は、現状でも左に寄っているのであり、想定される原状で左によっていることは不都合ではないとも言える。

原表紙の表面を観察すると、小口から右に七・九糎から最大八・四糎の位置まで、天辺から下方に、地辺から上に二・五糎の位置まで、縦に糊痕状の汚れが残されている。汚れは小口側（左側）が直線で、ノド側（右側）は不整であり、最大幅は天辺から九糎の位置で〇・五糎である。この縦筋の糊痕は、あるいは、原表紙が被せ紙で保護されていたことがあったことを示すのかもしれない。

4　本文料紙

さて、巻頭の新補遊紙の次から、本文料紙二六紙が綴じ込まれている。本文料紙は、毎半丁に八～一〇行、毎行二〇字前後で本文が記されている。界線は引かれていない。

本文第一丁表の第一行には、「日本往生極楽記　朝散大夫行着作郎慶保胤撰」の内題と撰者名が記されている。撰者名は唐名で表記されている。撰者名の「朝散大夫行着作郎慶保胤」とは、従五位下行大内記慶滋保胤のことである。第一丁表第二行から第一丁裏第八行までに、叙（序）が書かれている。

第二丁表から第二六丁裏までに伝が記されている。第二六丁裏には、伝と別筆で、奥の余白に、次の奥題と奥書が墨書されている。

日本往生極楽記一巻
寛永元年五月十一日書写畢 同日一交了

表紙や本文（第二丁以下）の書写年代は寛永元年ではなく鎌倉時代初期または前期であり、また後述の如く叙は湛睿の補写と考えられるので、「寛永」の年号について疑問とする所見もあるが、この奥書を本文書写に関わるものと見る必要はなく、「寛永」に疑問符を付す必要はない。

本文第一丁は、楮紙であるが、やはり楮紙である第二丁から第二六丁と紙質が異なり、やや厚めである。第一丁の料紙は、裏に板目が見える。内題・叙の文字は、第二丁以下と別筆である。叙には、返点、訓仮名が施されているが、返点・訓仮名は第二丁以下とは筆致が異なる。また、文字の配列については、本文第二丁以下と比べて、天地の余白が広い。本文第一丁の虫穴は、原表紙及び本文第二丁と一致する。

宇都宮啓吾は、「この墨付第1丁の序は、字体等から考えて、江戸時代頃に補われたもののようである」、巻末の奥書について「本文の字体とは異なっており、寧ろ、第1丁（後補部分）の書写に関する記述と考えられる」（宇都宮、一九九四、二〇三頁）との所見を記している。叙の「年」（第一丁表第二行）は、奥書の「年」と字形が似ているが、叙の「十」（第一丁表第二行・第八行、第一丁裏第三行・第六行）や「二」（第一丁裏第七行）は奥書の「十二」と字形が異なるので、叙と奥書が同筆であると俄かには断定できない。内題・叙の記される第一丁と、原表紙及び後述の如く鎌倉時代初期または前期に書写された第二丁とは、虫穴がほとんど一致する。例えば、見開きで対照しやすい第一丁裏と第二丁表を見ると、両丁の虫穴はほとんど一致することがわかる。宇都宮の所見が正しいとすると、約三百年間ほとんど虫損が加わらず、寛永元年以降に急に虫損が発生したということになる。

また、「寛永元年五月十一日書寫畢、同日一交了」の奥書が、第一丁にのみ関わるものというのも、同様の例をすぐに思い浮かべることができず、考え難い。同様に考え難いことではあるが、この奥書が、本書を親本にして他に写本を作成した際の書写・校正奥書であると見ることも不可能ではない。また、原表紙から本文第一丁（叙）を経て本文第二丁に通じる虫損が、寛永元年以降に一斉に発生したとしても、第一丁の補写・補綴を寛永元年以前であると見ることも不可能ではない。

本文第一丁表の第一行の内題・撰者名の墨書が、ノド側の余白が少なく不自然な状態であることは、原表紙の様態及び巻末新補遊紙の表裏逆の現状から想定したように、原装訂における綴代部分が現装訂への改装において切除されていることを示している。

第二丁以下の本文に追補された第一丁の書写者は、やはり、重要文化財指定書が「序は湛睿伝領時の補写になる」と指摘する如く、湛睿である可能性を考えたい。すなわち、尊経閣文庫本『日本往生極楽記』叙と湛睿自筆本「諸行本願義」巻首（神奈川県立金沢文庫、一九八二、二九頁）とを比較すると、全体として「湛睿」の署名と同様にやや右上がりに文字が書かれており、特に両者に共通する文字の「生」（尊経閣文庫本第一丁表第七行、第一丁裏第四行・第五行・第六行と、「諸行本願義」巻首第二行）、「撰」（尊経閣文庫本第一丁表第一行・第七行と「諸行本願義」巻首第一行。特に傍の「共」の形）、「行」の旁（尊経閣文庫本第一丁表第二行と「諸行本願義」巻首第二行）、「四」（尊経閣文庫本第一丁表第二行・第四行と「諸行本願義」巻首第二行）、「陁」（尊経閣文庫本第一丁表第二行・第四行と「諸行本願義」巻首第二行）、「國」（尊経閣文庫本第一丁裏第四行・第八行と「諸行本願義」巻首第三行・第七行）、「願」（尊経閣文庫本第一丁裏第七行と「諸行本願義」巻首第一行・

第二行）などの字形が似ているのである。湛睿が書写した多量の典籍と尊経閣文庫本『日本往生極楽記』叙とを対照したわけではないが、尊経閣文庫本の叙一丁は湛睿の書写により補われたものであるとみてよい。叙に施された訓点（訓仮名、返り点「一」、声点〔第一丁裏第六行の「感歎」「膺」「操行」に施す〕）も、叙本文書写者によるものと見てよいとおもう。これまで、叙は、巻末追記の奥題「日本往生極楽記一巻」と奥書「寛永元年五月十一日書寫畢／同日一交了」が近世初頭のものであるので、補写であることから奥題・奥書と同時期のものと見られてきたようであるが、一四世紀初に湛睿が所持した際に補写されたものとみても不都合はないと考える。第十一智光・頼光の第一一丁裏第八行、第一二丁裏第三行、第一三丁表第七・八行の訓仮名の「ヲ」「カ」「ニ」「ウ」は、第一丁叙の訓仮名と字形が同じであり、湛睿の加筆になるものであることがわかる。更に、第二十二勝如の第一八丁裏・一九丁表の朱筆訓仮名も、「ヲ」「セ」「ル」「リ」「ノ」「テ」等の字形が、叙の訓仮名と一致するので、湛睿の加筆になるものである。

本文第二丁以下は、第二六丁裏第六行に至るまで、本文文字は一筆で書かれている。本文第二丁表第一行の行頭には、「聖徳太子者」の上方に墨丸の下縁が残る。各伝の第一行の行頭に墨丸が附加されていることは、例えば第一二丁表第一〇行「元興寺智光頼光両僧」の行頭に示されている。すなわち、本文料紙の天辺は、改装の際に調整切除され裏打ちが施されていることがわかる。行頭の墨丸の大きさは第一二丁表の事例では直径〇・七糎であり、墨丸の上に若干の余白があったはずであるから、天辺の切除の幅は一糎弱であったと考えられる。また、地辺についても、第二丁裏第八行行末の句点「。」が僅かに切れており、天辺同様に調整切除されていることがわかる。地辺においても、改装の際に約一糎の幅で切除がなされていると考えられる。したがって、第二丁〜第二六丁は、天辺・地辺それぞれ約一糎、紙高において合計約二糎の切除が裏打ち修理を行った改装の際になされていることがわかる。本文第一丁は補写・補綴の料紙であるが、虫穴が原表紙・本文第二丁と一致すること、第一丁表第一行の右のノドの余白が狭いことから、改装の際に原表紙・原裏表紙や第二丁以下の本文料紙と同じ大きさに切除して揃えられていることがわかる（第一丁の紙高は、第二丁以下の料紙の紙高より短かった可能性はある）。

ノドの部分が一糎、天地が合せて二糎切除されているとすると、原装訂の表裏の表紙と本文料紙の大きさは、縦二九・六糎、横二二・一糎であったことになる。この寸法は、凡そ縦一尺弱、横一・五尺弱の大きさの料紙が使用されたことを示す。

5　本文と加筆

伝と別筆の叙は、第一丁裏に、半丁八行、一行二〇〜一六字で書かれている。第二丁表から第二六丁裏の伝は、半丁八〜一〇行、一行二一〜一七字で書かれている。伝冒頭の第二丁表裏が半丁八行で、第三丁表裏・第四丁表まで半丁九行が続き、第四丁裏から半丁一〇行の丁が混じるようになる。それ以降、巻末の第二六丁裏を除いて、第六丁表裏・第七表裏・第八丁裏・第一五丁表、第一七丁表、第一九丁表裏、第二二丁表裏、第二四丁表、第二六丁表が半丁九行で、それ例外の丁は半丁一〇行である。また一行字詰は、例えば、第二丁表〜第三丁裏の三四行は、二一字が三行、二〇字が一五行、一九字が一〇行、一八字が五行、一七字が一行である。後続する丁の状態を観察しても、ほぼ同様である。

したがって、本書は、半丁八行、一行二〇字を規格として書写が始められ、文字の大小による筆写の勢いにより一行字数を適宜にし、書写が進むに従い次第に半丁に収める行が増えるという成り行きで書写されたことがわかる。半丁八行、一行二〇字の規格は、帖・冊仕立（粘葉装または袋綴装）であったと推定される親本に準拠したものであろう。

本文には、重書による書きかけの段階での文字の修正、挿入符（「○」）を字間に付して原則として本行の右に補うべき文字を記す傍書による文字の追補がなされている。これらの重書・傍書による文字の訂補は、書写者により行われている。また、沖森卓也「尊経閣文庫所蔵『日本往生極楽記』の訓点」で明かにされているように、本文には全文にわたり墨による返り点と句読点が施され、第一聖徳太子から第八明祐の第二行目（第一一丁表第五行）までと第二十六玄海の一部（第二〇丁裏第二行〜第四行）に墨による仮名点が付され、第七話無空までは墨の声点も加えられている。これらは、本文の筆者による加点である。本文は、本文と同筆で施された仮名点が訓点研究によれば鎌倉初期の内容のものとされているので、鎌倉初期またはその時期をあまり下らない鎌倉前期に書写されたものであると考えられる。なお筆者は、前述の如く（一-4参照）、第一一丁裏・第一二丁表の墨書の訓仮名と、第二十二勝如の朱書仮名点は湛睿の加筆であると考えている。

巻末には、伝と同筆で、「都盧卌五人／菩薩二所　比丘廿六人　沙弥三人　比丘尼三人／優婆塞四人　優婆夷七人」の人数が記され、ついで伝と別筆で奥題「日本往生極楽記一巻」と、書写奥書「寛永元年五月十一日書寫畢、同日一交了」が書かれている（一-4参照）。

原表紙は、原表紙見返しに、本文と同筆で仮名点を加えた部分（第一〜第七）の目録が記されているので、本文と同時のものである。したがって、原表紙の書き外題は本文書写者によるものと推定される。そして、原表紙右下の「湛睿」の記載は、後述の如く湛睿の生存年が文永八年（一二七一）より正平元年（一三四六）であるので、書写・加点より数十年以上を経て、恐らく一四世紀前期に記入された伝領署名であることになる。そして、湛睿は叙を補写し、第十一智光・頼光、第二十二勝如に訓仮名を書き加えた。

6　原装訂から現装訂への改装

本書の原装訂から現装訂に至るまでには、次のような三段階があったことがわかる。

第一段階は、原装訂の第一段階である。原装訂の第一段階とは、本書が鎌倉時代初期または前期に書写されてから、さらに湛睿が入手するまでの時期の装訂である。本書は、表紙・裏表紙・本文料紙ともに同大・同質の料紙、すなわち縦一尺弱、横一・五尺弱の大きさの楮紙を用いて袋綴装の冊子として作成された。この段階には、内題・叙の記される第一丁が備わっていたはずであるが、いつの頃か第一丁が欠失した。本書は、第一段階においては、ほとんど虫損を蒙ることがなく保存されていた。したがって、本体の損傷による第一丁の逸失は考えにくいことであり、第一丁の欠脱には、綴じが切れて紛失した可能性も含めて、どのような事情があったのかなお検討を要する。

第二段階は、本書の巻首に、逸失した叙を補写した一丁を補綴した原装訂の第二段階である。現状の本文第一丁が補写され補綴された時期は、先に紹介した如く、宇都宮啓吾説によれば（宇都宮、一九九四、二〇三頁）、寛永元年（一六二四）となる。しかし、筆者は、第一丁は、湛睿により補写・補綴されたと考える。

第三段階は、表紙・裏表紙・本文料紙の、傷んでいたノドの綴代部分と天辺・地辺を切除して現状の大きさに揃え、裏打ちを施し、新表紙、新裏表紙を加えて、本書を保護する改装が行われた、現状の装訂となった時期である(2)。この時、新表紙見返し、原表紙の次の巻首遊紙一丁、巻末遊紙一丁（現状は二葉になっているが、装訂の際に、恐らく誤って小口側をノドとして綴じ込まれたもので一紙をなすと推定される）、新裏表紙見返しに、薄手の楮紙が使用された。これらの四紙は、継がれているが、これは紙長が不足したための措置である。またこれらの四紙には、点状の染みからなる三角形の染み（二つ折にした場合の小口の縁の中央部を底辺としノド方向に延びる三角形）がある。この染みは、新裏表紙見返し、新表紙見返し、巻首遊紙、巻末遊紙の順に小さくなる。最初から染みのある紙を装訂に使用することは考えにくいので、これらの汚れは、装訂用に二つ折りにして置かれていた段階で帯びた湿気か汚れが装訂後に顕わになったものであろう。

7　綴代に隠れた本文

前述の如く、第三段階の改装の際に、第二段階まで保たれてきた原装訂の綴代の部分が切除され、綴代が小口側に寄った。この改装、綴じ直しのために、本文のノドの部分の開き具合で見え難くなった本文の部分（丁裏の最終行、丁表の第一行）を、次に示しておく。なお、同様の措置は、宇都宮論文においても「難読箇所一覧」として第三丁〜第一三丁の表裏及び第一五丁裏・第一七丁裏の二四行についてなされている（宇都宮、一九九四、二三九〜二四三頁）。今回の影印版製作のための撮影により、ノドの綴代の開き具合で、従来の写真版では見えなかったところで見えるようになった文字（本文・訓仮名）や記号（返点、音合符、声点、句点）もあるので（第七丁裏第九行、第八丁表第一行、第一一丁裏第一〇行、第一二丁表第一行、第一三丁表第一行)、本稿においてそれらの翻刻は省略した。

○第三丁表第一行
推古天皇立為皇太子、万機悉委焉、太子聴政之日
○第三丁裏第九行・第四丁表第一行
持之経、一巻複一部、去年妹子所持来者吾弟子経也、吾近日遣魂取来、指所落字而告師、々太驚
○第四丁裏第一〇行・第五丁表第一行
之、太子聞召識者命曰、卿等、發墓見之、馬子大臣受命往見、無有其屍、棺内太香、所賜歛物彩帛
○第五丁裏第一〇行・第六丁表第一行
餘牧児等捨牛馬而従者殆垂数百若牛馬之主有用之時令使尋制作呼、男女老少来覓者聞
○第七丁表第一行
宮使駈逐我矣、路有金殿高廣光曜、我問使者
○第八丁裏第九行・第九丁表第一行
選入唐、一紀之間登五臺山、到諸道場遍謁名徳(「ハレ」は「ムヲ」に重書)
受學顕密、承和十四年歸朝。陁念佛法花懺法灌
○第九丁裏第一〇行・第一〇丁第一丁
つ延暦寺座主僧正増命左大史桑内安岑子也、父母(「大」は「史」に重書、「父」は「□」(「女」カ)に重書)
無兒祈生和尚、々々天性慈仁少無兒戯、夢有梵僧来
○第一〇丁裏第一〇行・第一一丁表第一行
一少虵見人逃去、大臣忽人之書寫供法花経一部了
他日夢律師。服鮮明顔色悦澤持香鑪来謂大臣(「澤」は「懌」の誤写)
○第一二丁裏第一〇行(下部五字)
唯観弥陁相好
○第一三丁裏第一〇行
虚實、有人即告入滅、普照相語同法等曰、我正
○第一五丁表第一行(第一〇字)
耳、
○第一五丁裏第一〇行
聖、遇嶮路即鏟之、當無橋亦造之、見無井則掘
○第一六丁裏第一〇行(第一字)
心
○第一七丁裏第一〇行
校了、命諸弟子曰、我出寺中欲移山邊、弟子等響

二　諸写本と尊経閣文庫本

1　諸写本

①天理図書館所蔵本

次に、『日本往生極楽記』の諸写本の中における尊経閣文庫本の位置について検討する。前述の如く、『日本往生極楽記』の古写本には、鎌倉時代初期・前期書写と推定される尊経閣文庫所蔵本の外に、天理大学附属天理図書館所蔵本、七寺所蔵本があり、さらに古写本の様態を伝える江戸時代後期の写本の内閣文庫本がある。

天理図書館所蔵本は、粘葉装、一帖、叙・本文五四丁（表紙見返しより裏表紙見返しまで合せて二八紙。表紙見返しが第一紙右半部、裏表紙見返しが第二八紙左半部で、第二丁表より第五三丁裏までが二六紙）、一面七行、一行一二字前後詰で、表紙・裏表紙は後補である。全文に朱の仮名点、返り点、声点が施されている。天理図書館本は、第五四丁裏に「寶玲文庫」の印影があり、フランク・ホーレー（一九〇六—一九六一年）が所持していたことがわかる。内題・奥題は「日本往生極樂記」とある。尊経閣文庫本・内閣文庫本では本文の末にある「菩薩二所」以下の往生者部類目録は、本文と共紙（第一紙右半部）の表紙見返し（現表紙は後補）に、「菩薩二所　比丘廿六人　沙彌三人　比丘尼三人　優婆塞四人　優婆夷七人」と朱書されている（後藤、一九八四、二二頁）。往生者部類目録が朱書で見返しに書かれていることは、本文に加えられた朱書による訓点と訂補（後述）と同時に、異本から転写されたものである可能性を示している。

奥書は次の如くである。

「（朱書）同廿九日點（如形）了後可見直者也
以良本文等又可比交」
應徳三年八月九日於南勝房書之仁豪
尋往生極楽之行業欲勵念佛往生○（浄土）□（懇）志而已

天理図書館本は、奥書により、第四十二代天台座主となった仁豪が応徳三年（一〇八六）八月に住房の南勝房で書写した写本であることがわかる。本文には、誤写した文字を朱点で抹消したり、墨や朱で誤脱した文字を傍補したり異本との校合を記したりする補訂が加えられている。それらの補訂の大部分は、仁豪の手によるものと考えられる。また、仮名点、返り点、声点も仁豪が書き加えたものとみてよい（後藤昭雄、一九八四、二二頁。小林芳規、一九八四、三二～三四頁）(3)。

仁豪は、保安二年（一一二一）十月四日に、七一歳で入寂した。その伝は、『大日本史料』第三編之二十七に保安二年十月四日第二条として立てられている。仁豪の父は、内大臣藤原能長（治安二年（一〇二二）生、永保二年（一〇八二）薨）で、その五男であった。仁豪の生年は、永承六年（一〇五一）となる。したがって、応徳三年に仁豪は三六歳であった。仁豪は、大僧正明快入室弟子、第三十六代天台座主大僧正良真の受法灌頂弟子で、梨本門跡を相承した。山門の法流に連なっていたことにより、浄土教の仏書であった『日本往生極楽記』を書写する機会を得たのであろう。したがって、天理図書館本は、山門に伝えられたと推定される写本を、撰述から約百年後に書写し、移点した写本として、『日本往生極楽記』の古写本の中でも中心となるものである。また、天理図書館本には、朱・墨の傍書による異本注記、例えば、「王」に朱傍書「皇イ」（第二丁裏第五行）などがある。天理図書館本には、このような「イ」を付した異本注記があり、今は伝わらない写本の内容を窺うことができる（後藤、一九八四、二三頁）。

②七寺所蔵本

愛知県名古屋市中区門前町の七寺（真言宗智山派、稲薗山長福寺）の所蔵する七寺一切経に、現状で含まれる『日本往生極楽記』の写本が、七寺所蔵本（七寺本）である。七寺一切経は、唐櫃入一切経とも称され、大中臣長安・女弟子民氏が願主となり承安五年（一一七五。七月二十八日、安元と改元）正月から七月に書写された大般若経、安元二年（一一七六）から治承三年（一一七九）に書写された大般若経以外の諸経からなる（近藤喜博、一九六八、一九一〜一九六頁）。近藤は、「『日本往生記』（『日本往生極楽記』—石上）のみが治承四年七月と、少しく時間が隔っているのはとも角、特異な書写と認めるべき」と、『日本往生極楽記』が一切経の本来の構成要素であったか否かについて慎重な態度を示している（近藤、一九六八、一九六頁）(4)。

七寺所蔵本『日本往生極楽記』は、もと巻子本であったが、他の一切経の経巻と共に享保二年（一七一七）に折本装に改装されたものかとされている（倉田邦雄、一九八一、二二頁）。改装後の折本の大きさは、縦二六糎、横一一・四糎、題簽には「日本往生記甲十一」と記されている。巻首に二〜三行（内題一行、撰者一行と叙の第一行（僅存））の欠損があり、残存行数は叙第一行と巻末奥書を含めて五五六行からなる。一行は一七〜一九字詰である。仮名点・返り点・声点などは施されていない（倉田、一九八一、二二頁）。なお、前後の行の文字が誤写され衍入する状態の観察から、親本の段階で一行二〇〜二二行詰の祖本を誤写していたと推定される（倉田、一九八一、二四頁）。尊経閣文庫本・内閣文庫本の本文末にある往生者部類目録は、七寺本にはない。奥題は、「日本往生記一巻」とある。

奥書は次の如くである。

治承四年七月廿九日午時許書了珍円

稲薗住太郎房也

この奥書は、治承四年（一一八〇）七月二十九日に、当時は尾張国中島郡萱津里（現、愛知県稲沢市七ッ寺町）に所在した、稲薗山すなわち長福寺（七寺）の住僧太郎房珍円が『日本往生極楽記』を書写し終わったことを示している。七寺本の『日本往生極楽記』は、当初から一切経集成のために書写されたものではなく、一切経と共に伝来したために、後代に一切経の内に取り入れられて伝わったものであ

[5]る。

③内閣文庫所蔵本

国立公文書館内閣文庫所蔵本『日本往生極楽記』は、袋綴装、一冊、叙・本文三五丁、半丁八行、一行一七字詰で、本文と同筆による訓仮名・返り点（一二点とレ点）が施されている。巻首の第一丁表には、「和学講談所」「浅草文庫」「書籍館印」「内閣文庫」「日本政府図書」の蔵書印があり、本書が和学講談所旧蔵本であったことが知られる。本文末に、尊経閣文庫本と同じく「都盧卌五人」以下の往生者部類目録が記される。外題・内題・奥題ともに「日本往生極楽記」である。巻末に次の本奥書がある。

古本云
文保元年十月七日於尾張國中嶋郡
観音堂大門書写畢

この奥書により、内閣文庫本の祖本は、尾張国中島郡の観音堂（名古屋移転前の真福寺）に伝えられた写本であることがわかる。愛知県名古屋市門前町の真福寺には、現在、西山法華山寺慶政（文治五年（一一八九）生、文永五年（一二六八）十月六日寂）が建保七年（一二一九）から貞応元年（一二二二）に書写した往生伝類（『続本朝往生伝』『拾遺往生伝』『後拾遺往生伝』『三外往生伝』『本朝新修往生伝』）を、建長五年（一二五三）から正嘉二年（一二五八）に慶政の弟子乗忍・乗智が転写した往生伝類五本が残されている（山崎誠、二〇〇四、二五三～二五五頁。小林保治、一九九三、二二五頁参照）。これらの往生伝類の真福寺への伝来の事実は、今は伝わらないが、真福寺に『日本往生極楽記』の写本が伝来していたことを示す（山崎、二〇〇四、三五五頁）。したがって、内閣文庫本は、「一連の往生伝と書写年代も奥書の形態も異なるが、元本は慶政本と一具であった可能性が高い」、「和学講談所の旧蔵印があり、塙氏によって真福寺周辺から採集された可能性も否定できまい」（山崎、二〇〇四、三八三頁）と指摘されている。すなわち、和学講談所の典籍収集事業において、真福寺所蔵の文保元年（一三一七）書写本を転写した写本が、または文保元年書写本を祖本とする写本を転写したものが、和学講談所本すなわち内閣文庫本であることになる。

2　諸写本の比較

①諸写本の比較についての従来の諸説

上述の如く、『日本往生極楽記』の古写本には、応徳三年（一〇八六）に仁豪が書写し仮名点等を移点した写本である天理図書館本、治承四年（一一八〇）に尾張国の七寺（稲薗長福寺）の珍円が書写した七寺本、鎌倉初期の仮名点が施された鎌倉初期または鎌倉前期に書写されのちに称名寺湛睿が所持していた尊経閣文庫本（もと武蔵国称名寺所蔵）がある。また、古写本に準ずる写本として、文保元年（一三一七）書写の尾張国の真福寺所蔵本を祖本とする写本である内閣文庫本（もと和学講談所所蔵）がある。これらの四写本の関係について分析した学説は次の如くである。

(1)『日本思想大系』7諸本解題

一九七四年刊の『日本思想大系』7の諸本解題は、底本とする尊経閣文庫本、対校本とする天理図書館本・内閣文庫本を取り上げ、次のことを指摘している。

A　尊経閣文庫本書写年代　「料紙・字体・仮名などあらゆる点から考えて江戸時代の書写ではない。表紙の「湛睿」は湛睿手沢本を意味する」（大曽根、一九七四、七六一頁）。

B　成意伝と智光・頼光伝の配列順　「この本（尊経閣文庫本—石上）と他本との大きな相違は〔一〇〕成意と〔一一〕智光・頼光の話の順序が逆になっていることと、〔三四〕藤原義孝に和歌が片仮名で記されていることである」（同、七六一頁）(6)。

C　内閣文庫本の系統　内閣文庫本は、「尊経閣文庫本や天理本とは別系統の本文である」（同、七六二頁）。

(2)「七寺一切経について」「七寺蔵『日本往生極楽記』について」

一九六八年の『尾張史料七寺一切経目録』、一九八一年の「七寺蔵『日本往生極楽記』について—本文翻刻及び校異—」は次のように記す。

D　七寺本が最古写本との見解　「当一切経（七寺一切経—石上）の現存本中には、（中略）日本で平安中期、（中略）同じく慶滋保胤撰『日本往生記』一帖の如きが含まれている。これらはそれぞれ同本の現存最古写本に属するものであろう」（近藤、一九六八、二二一頁）。「日本思想大系「往生伝法華験記」七六一～七六三頁に記載の如く、尊経閣文庫・天理図書館蔵本は鎌倉時代の写本、内閣文庫蔵本は江戸時代の写本」であり、七寺本は「現存諸本中、書写年次の明記されている、最古のもの」（倉田邦雄、一九八一、二二二・二二一頁）。

(3)『天理図書館善本叢書』

一九八四年の『天理図書館善本叢書』和書之部第五十七巻の解題は、次のことを指摘している（後藤、一九八四、二三頁）。

E　尊経閣文庫本聖徳太子伝・行基伝の和歌の引用方法　尊経閣文庫本の特徴として、第一聖徳太子伝、第二行基伝において、万葉仮名で書かれた歌の前後で改行せず、地の文と続けて書くことをあげることができる(7)。

F　往生者部類目録　「天理本においては、巻末の本書収載の往生者の人数を部類した記述がない。なお、これが見返しに朱筆で記されていることは前述の通りである」。

G　内閣文庫本の双行小注　「内閣文庫本は、1聖徳太子伝の歌、2行基伝の、歌及び本書の成立過程を記した末尾の注記を双行小注の形で書く」。

H　尊経閣文庫本の系統　「諸本間の本文の異同を勘案すれば、まず尊経閣文庫本が他本と別系統に位置に位置し、ついで天理本と内閣文庫本が分岐した位置にあり、版本は内閣文庫本に近い、と考定することができよう」。

I　現存本と異なる本文を持つ本　「天理本には多くの異本注記が付されている。二十六例を数えうるが、これを他本と対照してみると、他の諸本と一致するもの五、尊経閣文庫本と一致するもの五、内閣文庫本・寛文九年版本と一致するもの一、尊経閣文庫本を除く諸本と一致するもの一となり、残り十三例は現存する本には見えない本文である。すなわち、現存するどの本とも異なる本文を持った本がかつて通行していたことが知られ、天理本は、その特徴の一つとしてそれらの本文を多く伝えているのである」。

(4)『真福寺善本叢刊』第二期7

二〇〇四年の『真福寺善本叢刊』第二期7の「解題」では、次のことを指摘している（山崎誠、二〇〇四、三八三頁）。

J　内閣文庫本の価値　「内閣文庫本は近世末期の書写ではあるが、その本文は極めて書写の古い応徳三年（一〇八六）書写の天理本や尊経閣本（金沢文庫旧蔵湛叡手沢本）と較べても、決して劣るものではない」。

K　内閣文庫本の祖本　「元本は慶政本と一具であった可能性が高い」。

②古写本の書写・移点年代

右の写本の比較に関わる諸指摘を整理しながら、尊経閣文庫本の諸写本の中における位置について検討しよう。最初に、古写本の書写・移点年代の理解の変化について整理しておこう。

(1)天理図書館本の書写・移点年代

第一に注意すべきことは、それまで『天理図書館稀書目録』や『国書総目録』などにより鎌倉時代書写とされてきた天理図書館本の成立年代について、一九八四年刊行の『天理図書館善本叢書』和書之部第五十七巻の解題により、天理図書館本は応徳三年書写・移点である可能性が高いことが示されたことである。小林芳規「訓点解説」における、訓点が応徳三年のものと見られることの指摘もあり（小林、一九八四、三三一～三四頁）[8]、後藤昭雄「本文解説」により「本書は応徳三年の書写とみてよいのではないかと思われる」（後藤、一九八四、一二頁）と、天理図書館本が応徳三年仁豪書写・移点本であることが示されたのである。すなわち、天理図書館本は、平安院政期初期写本なのである。したがって、『日本往生極楽記』の現存最古写本は、D説のように治承四年書写の七寺本であるのではなく、応徳三年仁豪書写・移点の天理図書館本であることになる。

(2)尊経閣文庫本の書写・移点年代

第二に注意すべきことは、尊経閣文庫本の書写年代についてである。『日本思想大系』7の諸本解題では、表紙の「湛睿」の署名により、尊経閣文庫本を「湛睿手沢本」とした（A説）。「湛睿手沢本」の表現には、湛睿所持本と湛睿書写本との両義がある。宇都宮啓吾は、「湛睿の筆跡は先の記載にもあった『華厳演義鈔纂釋』（自筆稿本）によって知られ、その筆跡と本書の筆跡とを比較してみると異なっているように思われる。それ故に、現装の表紙に記された「湛睿」という名は書写者を示すものではなく、又、湛睿が書籍の収集家としても有名であることから推して、本書は彼の手沢本であり、その目印として「湛睿」と記名されているものと考えられる」と述べている（宇都宮、一九九四、二〇四頁）。

「湛睿」の自筆署名は、所持を示す署名であり、湛睿補写の叙一丁を除く本文（伝）の部分を直接に湛睿が書写した事実を示すものではなく、したがって書写時期を直接に示すものではない。尊経閣文庫本の叙を除いた本文の書写時期は、本文と同筆により首部に施された訓点（仮名点等）が鎌倉初期の時期のものであるので（沖森「尊経閣文庫所蔵『日本往生極楽記』の訓点」参照）、鎌倉初期、または少し遅れた時期までを含めて鎌倉前期であることになる。

なお、宇都宮は、訓点の分析により、「11丁表5行目までには墨筆で本文と同筆と覚しき訓点（片仮名点・合符・声点）が施されている」、訓仮名の「ウ」「ケ」「ツ」の字体が「鎌倉時代初期から中期頃の字体を反映しているものと考えられる。それ故に、本書の書写・加点時期を鎌倉初期から中期とすることが出来そうである」（同、二〇三・二〇五頁）、音韻も「鎌倉時代初期から中期の事象であり、先の仮名自体による検討と相通じている」、「つまり、本書は、鎌倉時代初期から中頃に於いて院政期頃の加点本を書写すると同時に訓点をも施した資料であろうと予想される」（同、二〇六頁）と述べている。[9]

③写本の構成の比較

次に、写本の構成の比較を行おう。

(1)成意伝、智光・頼光伝の配列

写本比較で指摘されているように、天理図書館本・七寺本・内閣文庫本が第十智光・頼光、第十一成意の順であるのに対して、尊経閣文庫本は第十成意、第十一智光・頼光の順である。第三律師善謝（延暦二十三年〔八〇四〕寂）から第九僧都済源（康保元年〔九六四〕寂）までは、比丘のうちの僧官の地位にあった者をほぼ入寂年の順に配列している。それ以降の第十九明靖までの比丘は、第十六延昌（康保四年寂）のように僧正の地位にあったものが途中に入る場合もあるが、おおよそ入寂の時代の順に、奈良朝以降の者を延暦寺僧を中心に配列している。智光・頼光は奈良朝の僧侶、成意は延喜十七年（九一七）寂なので、概ね寂年の順に随った配列が試みられたとすると、智光・頼光、成意の順が本来の配列であると考えられる。尊経閣文庫本が成意、智光・頼光の順としているのは、親本または祖本の錯簡を転写したことによる可能性がある。

(2)往生者部類目録

尊経閣文庫本の本文末には「都盧卌五人／菩薩二所　比丘廿六人　沙弥三人　比丘尼三人／優婆塞四人　優婆夷七人」の往生者部類目録がある。内閣文庫本の本文末にも「都盧卌五人　菩薩二人　比丘廿六人／沙弥三人　比丘尼三人　優婆塞四人／優婆夷七人」の往生者部類目録が記されている。しかし、七寺本の本文末には往生者部類目録は記されていない。天理図書館本においては、前述の如く、往生者部類目録は、本文末ではなく、本文料紙と共紙の見返しに朱書で「菩薩二所　比丘廿六人　沙彌三人　比丘尼三人　優婆塞四人　優婆夷七人」と記されている（後藤、一九八四、二二頁）。七寺本は、巻首が欠損しているので、巻子の表紙見返しや、巻首に往生者部類目録が記されていたか否かは不明である。天理図書館本の往生者部類目録は、文字が「擦損をうけて、原本においてもようやくそれと判読できるに過ぎない」（後藤、一九八四、二二頁）状態であり、『天理図書館善本叢書』の写真版では判読できない。天理図書館本は、訓仮名が原則として朱書であり校補注記も朱書が少なくなく、それらの多くは本文や墨書の校正注記と同筆と見られる。したがって、天理図書館本の見返しに記された目録も、仁豪が本文書写後に本文校正や移点を行った時期に、校正の際に参照していた異本にあったものを転写したものか、あるいは仁豪が転写した親本に既に朱書で注記されていたものであろう。すなわち、往生者部類目録は、応徳三年（一〇八六）前後に、ある系統の写本に既に備わっていたものであることになる。

また、往生者の人数については、比丘二十六人は第三から第二十七の二五伝のうち第十一の智光・頼光を各一人とした人数、沙弥三人は第二十八・二十九の二伝に第二十二勝如伝中の沙弥教信を加えた人数、優婆夷七人は第三十七から第四十二の六伝に第三十二尼某甲伝中の真頼一妹女を加えた人数である（『日本思想大系』7、補注、四〇八頁）。往生者部類目録は、「著者の書いたものではなく、後人によるものとおもわれ」ると、理解されている（同、四〇八頁）。ただし、往生者部類目録は、現行本の『日本往生極楽記』成立後、応徳三年前後の時期までに、「著者の配列意識を正確にとらえている」（同、四〇九頁）ものとして作られ、ある系統の写本に付加されたものであると考えられる。

(3)改行及び小字双行

天理図書館本・七寺本・内閣文庫本は、第一聖徳太子の二首と第二行基の二首の万葉仮名による歌を前後の地の文と改行して明示するが、尊経閣文庫本では歌を前後の地の文に続けて書す。天理図書館本は、歌の前後で改行する（第七丁裏第六行、第八丁表第四行・第五行、第八丁裏第一行、第一四丁裏第三行・第六行・第七行、第一五丁表第三行）。七寺本は、第一聖徳太子の二首の歌は、第一首では前後の地の文と改行（第六八行・第七三行）で区別され、第二首は前後と改行で区別されず、第二行基の二首の歌は、一首目の歌だけ続く地の文が改行される（第一三九行）。内閣文庫本は、第一聖徳太子の二首、第二行基の二首の歌を、それぞれ前後と改行して小字双行で書す（第六丁表第五～七行、第六丁裏第一行、第一〇丁表第八行、第一〇丁裏第二行）。

また、第二行基の次に記される「仏子寂心」以下の聖徳太子伝・行基伝追補の次第は、天理図書館本では改行して一字下で書され（第一五丁裏第一行～第一六丁表第三行）、内閣文庫本では改行して小字双行で書される（第一〇丁裏第七行～第一一丁表第二行）。しかし、尊経閣文庫本と七寺本は行基伝の文末に続けて書され改行されていない。七寺本には、伝の切れ目で改行しない場合が、第五（第一七二行）、第二十（第三五四行）、第二十七（第四二七行）、第三十一（第四六一行）、第四十（第五三一行）、第四十一（第五三四行）に見られる。

内閣文庫本のみが、小字双行で書す部分として、第三十二尼某甲の文末に附記される「石山寺真頼法師」以下の真頼妹女の往生の記事がある（第三二丁表第三～四行）。

尊経閣文庫本の書式の特徴は、他の三写本が歌を改行するのに対して（内閣文庫本はさらに小字双行に書す。七寺本は伝の改行も怠るところがあるので歌に関わる改行も十全ではない）、追い込みで地の文を前後に続けるところにある。この書式の相違は、恐らく各々の写本の親本あるいは祖本の書式の差異によるのであろう。

④文字の異同

尊経閣文庫本の写本系統を検討するために、天理図書館本・七寺本・内閣文庫本との文字の異同を示した「『日本往生極楽記』写本異同表」を作成した。『天理図書館善本叢書』和書之部第五十七巻の解題は、天理図書館本と内閣文庫本が「分岐した位置にあり」、尊経閣文庫本が両本とは別系統とする（後藤、一九八四、二三頁）。しかし、異同表から見ると、第十伝・第十一伝の順序の違いを除けば、尊経閣文庫本と天理図書館本は似た本文内容を有していると見ることができる。

天理図書館の用字には、「弟子」の「弟」を「苐」（「第」の異体字）と記す特徴がある。[10] 天理図書館本では「第」にも「苐」を使用している。また、天理図書館本は、菩薩を「卄」（二七箇所）、菩提を「卉」（六箇所）の抄物書で書す。また、「年」に正字の「秊」を用いることがある（七箇所）。一方、尊経閣文庫本は、他本が「无」を使用するところを、ほとんどの場合「無」を用いている。また、内閣文庫本は、他三本が「即世」とするところを「早世」とする。七寺本は「法花」を「法華」とすることが多い。これらの各写本に特有の文字の使用法は、親本や祖本の文字を忠実に写していると見ることもできるが、各写本の書写者の文字の使用の好みや筆の勢いによるものであると考えることもできる。

天理図書館本の独自の文字には、「秊」、「苐」、「卄」、「卉」、朱墨による誤脱訂正（重書による修正も含む）を含むので、それらを除く独自箇所は多くはない。また、尊経閣文庫本から「無」の異同箇所や、誤脱訂正（重書による修正も含む）を除くと、異同箇所は大幅に減るとなる。したがって、尊経閣文庫本と天理図書館本は、本文内容が近いことがわかる。なお、天理図書館本の朱墨の傍書の「イ」を附した文字は、一〇箇所で尊経閣文庫本と一致するが、異なる場合もある。尊経閣文庫本は、雑な書写に見えるが、それは行書体で書かれている文字があるためであり、誤写・誤脱を除けば、内容に劣るところはない。七寺本は、既に指摘されている如く、前後行の文字の目移りによると思われる誤写のほか、本文への独自の追補が多く、往生伝の内容の補訂の傾向が見られる。また、内閣文庫本は、小字双行の部分が七箇所あり、書式の変更が進められていることがわかる。

写本異同表の観察からは、第十伝・第十一伝の順序の違いはあるが、尊経閣文庫本は、最古写本である天理図書館本と祖本を共通にする写本とみることも不可能ではないと言える。写本異同表により、今後、より精密な写本の関係を検討してみたい。

三　撰述と伝来

1　撰述

慶滋保胤の伝は、『大日本史料』第二編之四・長保四年（一〇〇三）十二月九日第二条「是ヨリ先、前大内記従五位下慶滋保胤卒ス、是日、左大臣道長、保胤ノ四十九日諷誦ヲ修ス」に収められている。また、『日本往生極楽記』撰述は、『大日本史料』第一編之二十四寛和二年四月二十二日「大内記慶滋保胤出家ス」の条に合叙されている[11]。慶滋保胤の伝記と『日本往生極楽記』の撰述の次第については、これまでに平林盛得『慶滋保胤と浄土思想』（平林、二〇〇一）などの研究が蓄積されている。したがって、本稿では要点を示すにとどめる。

慶滋保胤は、賀茂忠行の二男として承平三年（九三三）頃に生まれた。保胤は、大学寮で紀伝道を学び、菅原文時に師事した。保胤は内御書所の所衆となり、対策に及第し、少内記を経て大内記・従五位下に至った。この間、康保元年（九六四）創設の勧学会に参加し浄土教に帰依した。保胤は、永観二年（九八五）八月以降、十一月頃までに『日本往生極楽記』初稿を完成した。このことは、永観二年十一月に書き始められ寛和元年四月に成った源信の『往生要集』下・大文第七に「慶氏日本往生記」と記されることにより知られる。保胤は、寛和二年四月二十二日に出家し法名を心覚、ついで寂心とした（平林、二〇〇一D、一三七～一四二頁）。

保胤は、出家後、『日本往生極楽記』に収録する往生人五、六輩の増補を企て、中書大王（具平親王〔平林、二〇〇一C〕または兼明親王）に追補してもらった。中書大王が追補したのは、第四慈覚大師、第八律師明祐、第十六僧正延昌、第二十五沙門増祐、第三十三高階真人良臣、第三十四少将義孝の六人と考えられている（平林、二〇〇一D、一一九頁）。中書大王は聖徳太子と行基を収載せんとしたが病気となったので、保胤自ら聖徳太子伝と行基伝を追補した。源信は、永延二年（九八八）に宋商周文徳に托して、自著『往生要集』などとあわせて『日本往生極楽記』を宋に送った（建長五年版本『往生要集』下末、遣宋消息文）。したがって、聖徳太子・行基が追補されている現行本の『日本往生極楽記』が完成したのは、永延元年頃となろう。

2　湛睿の所持

尊経閣文庫本は、表紙に後筆の「湛睿」の署名があり、湛睿が所持していたことが明かである。湛睿については、尊経閣文庫本の書誌解説と写真を掲げた宇都宮啓吾「前田家尊経閣文庫蔵『日本往生極楽記』解説並びに影印」においても、『本朝高僧伝』巻十七、『律苑僧宝伝』巻十四、『招提千歳伝記』巻中之二により紹介されている。湛睿については、納富常天『金沢文庫資料の研究』に詳細に記されている（納富、一九八二ABCD）。今、それにより湛睿の略伝を記しておこう。湛睿は、東大寺戒壇院凝然（延応二年〔一二四〇〕三月六日生、元亨元年〔一三二一〕九月五日寂）について華厳教学を学び、正安二年（一三〇〇）までに相模国の鎌倉に下向した。湛睿は、正和元年（一三一二）十二月十四日、称名寺長老剱阿（弘長元年〔一二六一〕生、建武五年〔一三三八〕十一月十六日寂）より伝法灌頂印信を授けられた。湛睿は、正和二年（一三一三）から文保二年（一三一八）まで和泉国の久米多寺に遊学し、文保二年十月以前に武蔵国金沢の称名寺に戻った。湛睿は、文保三年以降、剱阿より両部灌頂印可などを度々授けられた。湛睿は、嘉暦元年（一三二六）七月以前に称名寺末の下総国の東禅寺の長老となり、剱阿入寂の跡を承けて、暦応二年（一三三九）三月六日に足利直義より安堵されて第三代の称名寺住持となった（納富、一九八二B、三八四～三八九頁、一九八二D、四八三～四八九頁等。石上、二〇〇四、四五～四六頁参照）。

湛睿については、金沢文庫古文書及び金沢文庫庫外に、発信・来信文書、湛睿筆稿本・湛睿手沢本の紙背文書、湛睿に触れた他者の文書が膨大な数、残されている（納富、一九八二C、四四七～四五九頁）。また、湛睿の自筆稿本・所持本（他筆本、自筆本）からなる湛睿関係典籍資料も、納富の調査によれば、四一一点残されている（納富、一九八二C、四六一頁）。湛睿関係典籍資料には、華厳、戒律、真言、浄土、法相、天台、三論、声明、願文表白等が残されている（同、四六二～四七二頁）。浄土関係典籍は、金沢文庫に一四部残り、庫外に尊経閣文庫本『日本往生極楽記』などが残る。金沢文庫所蔵の一四部は、自筆本六部、他筆の写本五部、伝領本三部である。

神奈川芸術祭特別展図録『称名寺と浄土教資料』は、「湛睿は三十歳のころ、鎌倉の浄光明寺あるいは武州新倉郡普光明寺などにおいて『観経定善義見聞集』『諸行本願義』『観経玄義分見聞集』などの書写を行っている。湛睿が浄土教の書写及び収集を行なった一因は師の東大寺凝然の影響を強く受けたものであろう。凝然は法然の弟子長西の浄土教を学んでいるから、湛睿の浄土教は、長西の浄土教を受けた凝然から湛睿を次第とする東大寺戒壇院の立場に立っていることがわかる。湛睿は長西・道教・導空・隆寛等の浄土典籍十四部を所持しているが、その大部分は諸行本願義に属するものである」（神奈川県立金沢文庫、一九八二、五頁）と指摘している。前述の如く、『称名寺と浄土教資料』には、湛睿が鎌倉の浄光明寺で、正安二年（一三〇〇）十月十一日に書写した「観経定善義見聞集」と、正安二年十一月六日に書写した「諸行本願義」の奥書などの写真が掲げられている。

湛睿による『日本往生極楽記』の所持と叙の補写は、浄土教の経典の書写・収集の際の過程で行われたと考えられる。したがって、浄土宗の宗門に伝来した写本が、湛睿所持本の親本または祖本であった可能性がある。

3　前田家への伝来

尊経閣文庫所蔵の『日本往生極楽記』は、武蔵国金沢称名寺第三代住持湛睿が所持していたものであり、包紙に「称名寺蔵書□□」の朱書があるので、称名寺から入手されたものであることがわかる。しかしながら、『書礼類稿』には『日本往生極楽記』のことは見えないようである。ただし、前田綱紀（寛永二十年〔一六三四〕十一月十六日生、享保九年〔一七二四〕五月九日歿）の蒐書記録である『桑華書志』七十四・見聞書には、往生伝目録が次のように記されている（〈 〉は割書）。

本朝六家十一巻往生傳
〈尊経／一巻／又秘閣一巻〉日本往生、〈極〉楽記　慶滋保胤〈一名日本往生傳〉寛和
〈尊経／一巻〉續本朝往生傳一巻　大江匡房
〈尊経／三巻／下巻欠〉拾遺往生傳三巻　三善為康
〈尊経／二巻／又古本三巻／下〉後拾遺往生傳三巻　同上
　三外〈外或作解〉、往生傳一巻　蓮禅上人
〈尊経／一巻〉本朝新修往生傳一巻　藤原宗友〈考宗友序継後拾遺者新修□〉仁平
　　今撰往生傳一巻　證真法印
　　　右見于三十三所観音縁起
〈秘閣／二巻／下巻欠〉三井往生傳二巻　昇蓮　建保
〈尊経／一巻〉高野往生傳一巻　如寂　元暦
〈尊経／二巻〉扶桑寄帰往生傳二巻　獨湛　延宝

右の往生伝目録が書かれたのは、この目録に続く一連の書誌考証として、元禄元年（一六八八）序を有する了智撰『緇白往生伝』の序、天和三年（一六八三）序を有する大勇撰『扶桑往生伝』の序を引用しているので、元禄元年以降である。「尊経」と注記されるのは、前田綱紀が版本・写本等を既に入手していた往生伝であろう。また、『緇白往生伝』序の抜書きには「丙申仲冬書肆緇白往生傳持來即此書也」と丙申仲冬すなわち享保元年（一七一六）十一月の書入れが附されているので、往生伝目録等の書誌は、元禄元年以降、享保元年前後までに前田綱紀により書かれたものである。

前田綱紀が、武蔵国金沢の金沢文庫・称名寺の蔵書に着目したのは延宝五年（一六七七）であり、借用したのは延宝六年三月であった。その時の借用書の目録が「称名寺書物之覚」（尊経閣文庫所蔵「古書古筆極札等目録」の内。関靖、一九五一、六三二～六四六頁）である。この目録に『日本往生極楽記』は記されていない。延宝六年に借用した書物は延宝九年までに返却されたが、貞享二年（一六八五）以降、宝永三年（一七〇六）以前の或る時期に改めて綱紀が入手した（飯田、二〇〇一、二四四頁。石上、二〇〇四、三九～四一頁）。しかし、綱紀または前田家が、『日本往生極楽記』をいつ称名寺より入手したのかは、不明である。『桑華書志』七十四に記す往生伝目録は元禄元年以降、享保元年前後までに書かれたものなので、「尊経一巻」と注記される『日本往生極楽記』は、版本ではなく湛睿所持の称名寺本である可能性もある。

結　語

本稿は、『日本往生極楽記』尊経閣文庫本の様態を説明し、あわせて諸本との文字の異同を表により示すことに努めた。これまでの諸本研究の理解と異なるところは、尊経閣文庫本と天理図書館本の近さを示したこと、既に指摘されていたことではあるが、重ねて、尊経閣文庫本の叙一丁を湛睿の補写としたことなどにある。費やした紙数に対して明かにし得たことは少ないことを反省する次第である。

文末ながら、調査を許可された前田育徳会尊経閣文庫と、書誌について御教示下さった前田育徳会橋本義彦先生、菊池紳一先生に謝意を表する。

［注］

（1）慶滋保胤の歿年が長保四年であることについては、平林盛得「慶滋保胤の死」参照（平林、二〇〇一E、一六四～一七一頁）。

（2）新表紙見返し料紙については、天辺・地辺の縁のヤケ、小口側中央部外面の染みの存在から見て、新表紙見返し、新裏表紙見返し、巻首遊紙と巻末遊紙が、本書、あるいは他の何らかの書を覆う仮表紙として機能していた時期があった可能性を検討する必要がある。第三段階の装訂の前に、本文第一丁が補写・補綴された第二段階の状態の本書を保護するために、楮紙を継いで表紙の二倍の長さに切りさらに半折したものを四枚用意し、二枚づつ表紙と裏表紙の保護に綴じ付ける仮修補が行われた段階（極く短い期間）を想定する必要があるかもしれない。

（3）天理図書館本については、『天理図書館稀書目録』和漢書之部第三（天理図書館叢書第二十五輯、天理図書館、一九六〇年）に、次のように記された。

日本往生極樂記　写　一冊　五六四
慶滋保胤著　自序　蝴蝶装　砥粉色表紙　一八・五糎一五・五糎　押界七行十一至十三字　五十四丁　題簽左肩後筆「日本往記〔生（ママ）〕」
（鎌倉時代写　朱書訓點を施す　原に「應徳三年八月九日於南勝房書之　仁豪／尋往生極樂之行業欲勵念佛往生　淨土□志而已」、應徳云々の右傍に朱書「同廿九日點了〔如形〕後可見直者也／以良本文才又加比交」と奥書あるものの写　一八二―イ二）

廣濱文雄は、『天理図書館稀書目録』により、「この本は、鎌倉時代の写本であると、前記目録は解説している」と述べつつも、しかし、「濁點の符號の付け方」や「仮名の字體を勘案すると、相當忠實な写しとみてよいのではあるまいか」、「奥書の「（如形）點了」とは「この写本は、原本そのままの形を移している。ということになろうか」と、「鎌倉時代書写」という書写年代に疑義を呈している（廣濱、一九六七、四九頁）。ただし、廣濱は、「點了」を「聲點を差すことを言っているのであろう」（同、四九頁）と理解している。

天理図書館本は、『国書総目録』六（岩波書店、一九六九年）に「天理（鎌倉時代写）」と記され、『日本古典文学大辞典』四に「応徳三年（一〇八六）仁豪写の奥書を持つ天理図書館本（鎌倉時代写）」（柳井滋、一九八四、六一八頁）と記される。

（4）近藤喜博は、七寺一切経の編成は『貞元釈経録』によること、「当一切経の現存本中には、内蓋目録（一切経唐櫃の内蓋に記された目録―石上）にはないが、日本で平安中期、叡山の安然が撰した『真言密教物目録』一帖や、同じく慶滋保胤撰『日本往生記』一帖の如きが含まれている」（近藤、一九六八、二二〇・二二一頁）と、『日本往生極楽記』は本来の一切経の構成要素ではないことを示唆している。「七寺一切経現存目録」（『尾張史料七寺一切経目録』）には、『日本往生極楽記』は、「番外三函（目録不見／順序不同）」に「日本往生記　治承四年七月廿九日午時許書了　珍円「稲薗住　太郎房」　折本　首欠　表紙存　25」（一二七頁）と記されている（「25」は唐櫃番号）。また、唐櫃内蓋の経目録をもとに『貞元釈経録』を参考にした「七寺一切経復原目録」『尾張史料七寺一切経目録』でも、「（番外三）（目録ニ見ズ／順序不同）」に収載されている（一六七頁）。

（5）七寺本は、一九六八年の『尾張史料七寺一切経目録』に収載されていたが、一切経の内に含まれていたためか、『日本往生極楽記』写本書誌研究において、触れられないことがあった。但し、一九七六年の『日本の説話』別巻・説話文学必携では、紹介されている。同書の「説話文学書目解題」で、関口忠男「日本往生極楽記」は、「写本では、尊経閣文庫本（鎌倉時代初期写、一冊）天理図書館蔵本（鎌倉時代写、一冊）内閣文庫蔵本（江戸時代写、一冊）がある」（二六三頁）と記すが、「説話文学原典所在一覧」（『説話文学関係目録』〔『説話文学研究』五号、一九七一年三月〕より転載）は、『日本往生極楽記』に関して、尊経閣文庫本について「寛永年間。育徳財団より複製刊」、内閣文庫本について「文保元年」とし、さらに七寺本について「治承四年。重文」と紹介している（四七六頁）。

（6）内閣文庫本の解題に、「尊経閣文庫本と同じく内閣文庫本は10智光頼光と11成意の順序が他本と入れ換っている」（山崎誠、二〇〇四、三八三頁）と記されるが、尊経閣文庫本は、第十成意（第一一丁裏第七行〜第一二丁表第九行）、第十一智光・頼光（第一二丁表第一〇行〜第一三丁表第九行）の順であり、内閣文庫本は、第十智光・頼光（第一五丁裏第四行〜第一七丁表第一行）、第十一成意（第一七丁第二行〜第一七丁裏第七行）の順である。

（7）天理図書館本の解説において、「まず尊経閣文庫本に次の特徴がある」として、伝の排列、藤原義孝伝の和歌一首の指摘に次いで、「さらに、本文の書写に関して、1聖徳太子伝、2行基伝において、伝の途中でそれぞれ三箇所、二箇所、改行するが、他本は改行せず続けて書く」（後藤、一九八四、二三頁）と記されるが、天理図書館本・七寺本・内閣文庫本において改行が行われ、尊経閣文庫本においては改行がなされていないので、「他本」とあるのは「尊経閣文庫本」とあるべきである。

（8）小林芳規「訓点解説」は、次のように分析する。

a「訓点に誤記誤脱のあること」については、「加点識語において右側に補加された「如形」からすれば、応徳三年の時点で親本があり、応徳三年点はその親本の訓点を形（かた）どおり移点したものの、数箇の誤記誤脱を生じてしまったと見ることが出来る」（小林、一九八四、三二・三三頁）

b「片仮名の字体が新しく映ることについて見るに、訓点の系統と仮名字体との関係を考慮すれば、応徳三年の訓点と見ても差支えなさそうである」、仁豪の加点とすれば「宝幢院点の資料に見られる仮名字体に通ずる片仮名の字体を用いたことは考えられる」（同、三三頁）

c「これらの仮名字体や畳符は、訓点が応徳三年であることを妨げない。ただそれすら後世忠実に転写したとする余地があるかも知れない。そこで音韻の面から検討して見る」と、「音韻の面においても院政末期や鎌倉初期の事象を認め難いことからすれば、仮名字体や畳符において転写の際に現れ易い新要素が片鱗も認められないことに併せて、応徳三年の訓点と見る可能性が大きい」（同、三三・三四頁）

d仮名遣については、「本書の訓点が親本の姿を良く伝えているとすれば、親本が更に多年を溯ることを考えしめる材料となる」（同、三四頁）

e訓法は、「仏家読みの中でも比較的新しい読み方が見られ、天台宗

の僧の加点であることと矛盾しない」(同、三四頁)

(9)『日本古典文学大辞典』には、「湛睿手沢本の尊経閣文庫本(鎌倉初期写)」(柳井滋、一九八四、六一八頁)と鎌倉初期書写説が示されている。

(10)宇都宮啓吾「天理大学附属天理図書館蔵『日本往生極楽記』漢字索引稿」は、天理図書館本の「弟」が「第」と「弟」の両義に用いられること、「齊」の下部を「日」の如く書く文字が「齊」と「齋」の両義に用いられることを指摘している(宇都宮、一九九三、四一八頁)。

(11)筆者は、『大日本史料』第一編之二十四の慶滋保胤出家の条の編纂を担当したが、尊経閣文庫本の奥題を本文と別筆としなかったこと、七寺本を採録しなかったこと、天理図書館本の奥書の読み取りに不十分なところがあったこと(「等」「□(懇)」の読み取り)などを反省している。

【文献一覧】

魚澄惣五郎「日本往生伝類について」史学会編『本邦史学史論叢』上、一九三九年

飯田瑞穂「尊経閣文庫架蔵の金沢文庫本」『飯田瑞穂著作集』四、吉川弘文館、二〇〇一年

石上英一「尊経閣文庫所蔵『古語拾遺』の書誌」『尊経閣善本影印集成』31・古語拾遺、八木書店、二〇〇四年

井上光貞『日本浄土教成立史の研究』新訂版、山川出版社、一九七五年

「文献解題―成立と特色―」『日本思想大系』7往生伝・法華験記、岩波書店、一九七四年

宇都宮啓吾「天理大学附属天理図書館蔵『日本往生極楽記』漢字索引稿」『鎌倉時代語研究』一六輯、武蔵野書院、一九九三年

「前田育徳会尊経閣文庫蔵『日本往生極楽記』解説並びに影印」『鎌倉時代語研究』一七輯、武蔵野書院、一九九四年

「天理大学附属天理図書館蔵『日本往生極楽記』訓点語彙索引」『鎌倉時代語研究』一八輯、武蔵野書院、一九九五年

大曾根章介「諸本解題」『日本思想大系』7往生伝・法華験記、岩波書店、一九七四年

「具平親王考」『大曽根章介日本漢文学論集』二、汲古書院、一九九八年

「往生伝の漢風と国風」『大曽根章介日本漢文学論集』三、汲古書院、一九九九年

「慶滋保胤」同書

小原仁「往生伝と平安知識人―保胤と匡房の場合」『日本仏教』三五号、一九七三年三月

神奈川県立金沢文庫『称名寺と浄土教資料』(神奈川芸術祭特別展図録)、神奈川県立金沢文庫、一九八二年

菊地勇次郎「日本往生極楽記の撰述」『日本名僧論集』四・源信、吉川弘文館、一九八三年(初出、一九五七年)

倉田邦雄「七寺蔵『日本往生極楽記』について―本文翻刻及び校異―」『馬淵和夫博士退官記念説話文学論集』、大修館書店、一九八一年

国文学研究資料館編『真福寺善本叢刊』第二期7・史伝部三・往生伝集、訓読・解題・索引篇、臨川書店、二〇〇四年
後藤昭雄「慶滋保胤」『日本文学と仏教』一、一九九三年
「本文解説」『天理図書館善本叢書』和書之部第五十七巻・平安詩文残篇、八木書店、一九八四年
『天台仏教と平安朝文人』、吉川弘文館、二〇〇二年
小林保治「慶政」『岩波講座日本文学と仏教』一・人間、岩波書店、一九九三年
小林芳規「訓点解説」『天理図書館善本叢書』和書之部第五十七巻・平安詩文残篇、一九八四年
近藤喜博「七寺一切経について」『尾張史料七寺一切経目録』、七寺一切経保存会、一九六八年
関靖『金沢文庫の研究』、藝林社、一九五一年
関口忠男「日本往生極楽記」『日本の説話』別巻・説話文学必携、東京美術、一九七六年
薗田香融「日本往生極楽記」『群書解題』四上、続群書類従完成会、一九六一年
「慶滋保胤とその周辺―浄土教成立に関する一試論―」『日本名僧論集』四・源信、吉川弘文館、一九八三年（初出、一九五六年）
天理図書館善本叢書和書之部編集委員会『天理図書館善本叢書』和書之部第五十七巻・平安詩文残篇、八木書店、一九八四年
七寺一切経保存会『尾張資料七寺一切経目録』、七寺一切経保存会、一九六八年
奈良国立博物館『金沢文庫の名宝』、奈良国立博物館、二〇〇五年
納富常天「鎌倉における華厳教学」『金沢文庫資料の研究』、法蔵館、一九八二年　A（初出、一九六四年）
「称名寺の基礎的研究」同書、B（初出、一九七二・一九七三・一九七四年）
「湛睿の基礎的研究」同書、C（初出、一九六七・一九七〇年）
「湛睿の華厳経学」同書、D（初出、一九七七年）
速水侑「往生伝」『岩波講座日本文学と仏教』三・現世と来世、岩波書店、一九九四年
平林盛得『聖と説話の史的研究』、吉川弘文館、一九八一年
「摂関期における浄土思想の一考察―慶滋保胤について―」『慶滋保胤と浄土思想』、吉川弘文館、二〇〇一年　A（初出、一九五六年）
「大陸渡来の往生伝と慶滋保胤」同書、B（初出、一九八〇年）
「中書大王と慶滋保胤―日本往生極楽記の補訂者―」同書、C（初出、一九八一年）
「慶滋保胤の出家前後の諸問題」同書、D
「慶滋保胤の死―三河入道寂照の入宋に関連して―」同書、E（初出、一九六五年）
廣濱文雄「天理図書館藏『日本往生極楽記』」（一）・（二）、『山邊道』一三・一七号、天理大学国文学研究室、一九六七年三月・一九七二年三月
「天理図書館藏『日本往生極楽記』用語索引」『天理大学学報』七六輯、

天理大学学術研究会、一九七一年一二月

「天理図書館藏『日本往生極楽記』の用字・用語」『山邊道』二〇号、一九七六年三月

福山行慈「日本往生極楽記」『国史大辞典』一一、吉川弘文館、一九八九年

柳井滋「日本往生極楽記」『日本古典文学大辞典』四、岩波書店、一九八四年

山崎誠「真福寺文庫往生伝解題」『真福寺善本叢刊』第二期7・史伝部三・往生伝集、訓読・解題・索引篇、臨川書店、二〇〇四年

吉原浩人「日本往生極楽記と院政期往生伝」『説話の講座』4・説話集の世界Ⅰ―古代―、勉誠社、一九九二年

〔付　記〕

『尊経閣文庫善本影印集成』33・類聚三代格三（二〇〇六年）の「尊経閣文庫所蔵『類聚三代格』の書誌」の表11「巻四首部の復原」において、巻四第一〇紙第九～一四行の弘仁四年六月十三日太政官奏の本文を復原しなかったが、鹿内浩胤氏のご教示で駒井由美子氏の「検非違使の成立に関する一考察」（『関西学院史学』二〇号、一九八一年）に復原案が示されていることを知った。その他の誤記も含めて、機会を得て表11の修正を提示したい。

『日本往生極楽記』写本異同表

『日本往生極楽記』写本異同表は、尊経閣文庫所蔵、天理大学附属天理図書館所蔵、七寺所蔵及び内閣文庫所蔵の各写本の文字の異同を示し、諸本の関係を検討する情報を提供するために作成した。したがって、異同表は、校訂により本文を確定したり、誤写を正して正しい文字を提示するための情報ではない。版本は、本書解説の頁数の関係、版本とする際の修訂があると想定されることから、異同表示の対象としなかった。

なお、尊経閣文庫本を底本とした『日本思想大系』7において天理図書館本・内閣文庫本・寛永九年板本・無刊記板本の対校に基づく本文の校訂がなされ、天理図書館本については漢字総索引が宇都宮啓吾「天理大学附属天理図書館蔵『日本往生極楽記』漢字索引稿」により提示され、写本4種と版本2種を合わせた校異が倉田邦雄「七寺蔵『日本往生極楽記』について—本文翻刻及び校異—」により示されている。本表では、それらの先行する文字異同調査成果と本異同表との異同については、原則として触れなかった。

異同表記の方針

⑴ 異同は、諸本間に文字の異同、重要な字体の異同、伝の配列順、大字・小字の違い、行取りの違いがある場合にのみ掲げた。したがって、諸本が共通している誤字を正すことは行わなかった。なお、七寺本において、伝で改行されていないところについては、解題本文に記したこともあり異同表に掲げなかった。

⑵ 七寺本は、全体の写真版を見ることをしなかったので、倉田氏の翻刻を利用した。そのため、論文に写真版が掲載されている1～18行、236～256行、449～469行及び545～555行以外は、翻刻資料を利用した。

⑶ 「餘」と「余」の如く本来は別字であるが通用する文字、「號」と「号」のように正字と略字の違いも、必要に応じて、異同表示の対象とした。ただし、例えば、七寺本翻刻が「余」、他3本が「餘」のような場合は、七寺本原本では「餘」の可能性があるので、異同を採録しなかった。

⑷ 尊経閣文庫本は、書写が乱雑で誤写が多いように見えるが、行書体の文字が少なくなく、行書体としてきちんと書かれており、文字は誤っていない場合が多い。

凡　　例

⑴ 叙文には「叙」、各伝には「一」から「四十二」の番号、巻末には「巻末」を附した。各部分内の異同には1から順に番号を附した。

⑵ 異同対象の所在位置は、尊経閣文庫本・天理図書館本・内閣文庫本は丁・行で、七寺本は倉田論文による行番号で示した。

⑶ 異体字・略体字・抄物書は、既存のフォントのあるもの以外は、常用漢字や通行の字体により表記し、あるいは文で形を示した。異同対象となるために読み取った文字については、注記した。なお、「等」を「才」の左肩や右肩に「、」を附した如き形に書す場合が諸本に共通して見られるが、その字形は表示せず、「等」を用いた。

⑷ 七寺本の翻刻は、「漢字は通行の字体に統一した」と凡例で示されているので、翻刻された文字が、原本の字形であるかどうか不詳の場合には、必要に応じて＊を附した。例えば、七寺本の写真版を見ると、翻刻文の「修」は「脩」、同じく「等」は「寺」と書かれているが、写真版の無い部分は翻刻に従い「修」「等」などとし、＊を附した。

⑸ 宇都宮啓吾氏の漢字索引稿により補った天理図書館本の朱書には＃を附した（一38参照）。

		尊経閣文庫本			天理図書館本			七寺本		内閣文庫本		
		丁	行		丁	行		行		丁	行	
	1	1表	1	日本往生極楽記	1表	1	日本往生極楽記	1	(欠損)(「記」ノ残画アリ)	1表	1	日本往生極楽記
	2	1表	1	大夫行着作郎慶保胤撰	1表	2	大夫行着作郎慶保胤撰	1	(欠損)(「大」「作」等ノ残画アリ)	1表	2	大夫行著作郎慶保胤撰
	3	1表	2	叙	1表	3	叙	2	(欠損)	1表	3	叙
	4	1表	2	予	1表	3	予	2	予	1表	3	予（予ト読取ル）
	5	1表	4	必ノ下、ナシ	1表	6	為	4	必ノ下、ナシ	1表	5	必ノ下、ナシ
	6	1表	4	廟	1表	7	〔「广」ニ「昔」〕、左ニ朱傍書「廍」	4	廣	1表	5	廍
	7	1表	5	樂	1裏	1	樂（傍補）	5	樂	1表	6	樂
	8	1表	5	有ノ下、ナシ	1裏	2	志極（右傍ニ〻〻、文字上ニ朱丸デ抹消）	5	ナシ	1表	7	ナシ
	9	1表	7	浩	1裏	4	法	7	法	1表	8	法
	10	1表	7	土論其中	1裏	5	土論其中	7	(欠損)(「浄」半存)	1裏	1	浄土論其中
叙	11	1表	7	戴	1裏	5	載	8	載	1裏	1	載
	12	1表	7	二十	1裏	5	二十	8	廿	1裏	1	廿
	13	1表	8	生ノ下、ナシ	1裏	7	ナシ	9	往	1裏	2	ナシ
	14	1表	8	良験	1裏	7	良験	9	験良	1裏	2	良験
	15	1裏	1	生	2表	1	生（傍補）	10	生	1裏	3	生
	16	1裏	2	哉	2表	2	哉	10	ナシ	1裏	4	哉
	17	1裏	3	四十	2表	3	四十	11	四十	1裏	4	卌
	18	1裏	3	餘	2表	3	餘	11	餘	1裏	4	余
	19	1裏	3	販	2表	4	販	11	販	1裏	5	敗
	20	1裏	4	生	2表	5	生（傍補）	12	生	1裏	5	生
	21	1裏	4	念	2表	6	今	12	今	1裏	6	今
	22	1裏	6	餘	2裏	1	餘	14	余	1裏	7	余
	23	1裏	6	歎	2裏	1	嘆（傍補）	14	歎	1裏	8	歎
	24	1裏	7	与	2裏	4	与	16	与	2表	1	與
	25	1裏	8	國ノ下、ナシ	2裏	4	土（朱傍補）	16	ナシ	2表	2	ナシ
	26	1裏	8	焉	2裏	4	焉	16	焉	2表	2	矣
	1	2表	1	王	2裏	5	王、「皇イ」（朱傍書）	17	王	3表	1	王
	2	2表	2	謂	2裏	6	謂、「語イ」（朱傍書）	18	謂	3表	2	謂
	3	2表	2	五有	2裏	6	吾有	18	吾有	3表	2	有吾、有ノ右傍ニ「下」、吾ノ右傍ニ「上」ヲ附シ「吾有」ト改ム
	4	2表	2	之	2裏	7	ナシ	18	之	3表	2	之
一	5	2表	2	曰	3表	2	曰	19	口	3表	3	曰
	6	2表	4	口	3表	3	口（傍補）	21	口	3表	5	口
	7	2表	4	喉	3表	4	喉	21	唯	3表	5	喉
	8	2表	5	脈	3表	5	脈	22	娠	3表	6	脈
	9	2表	5	言	3表	5	言、「音」（朱傍書）	22	言	3表	6	言
	10	2表	6	聞（傍補）	3表	6	聞	22	聞	3表	6	聞
	11	2表	6	于	3表	6	于	22	于	3表	6	于（傍補）
	12	2表	8	欲（傍補）	3裏	2	欲	25	欲	3裏	1	欲
	13	2表	8	皇	3裏	2	皇	25	王	3裏	1	皇
	14	2裏	1	年	3裏	4	年、「身イ」（傍書）	26	身	3裏	2	身

		尊経閣文庫本			天理図書館本			七寺本		内閣文庫本		
		丁	行		丁	行		行		丁	行	
	15	2裏	1	修	3裏	4	脩	26	修＊	3裏	2	修
	16	2裏	1	躰	3裏	5	躰	27	体＊	3裏	3	體
	17	2裏	3	曰是ヨリ太子マデ17字	4表	1	アリ	30	ナシ	3裏	5	アリ
	18	2裏	4	去（重書）	4表	2	去	30	ナシ	3裏	6	去
	19	2裏	5	衣ノ下、ナシ	4表	3	而	30	而	3裏	6	而
	20	2裏	5	世（観ノ下）	4表	4	ナシ	31	世	3裏	7	世
	21	2裏	6	縦	4表	5	縦	32	縦	3裏	8	従
	22	2裏	7	大	4表	6	大	32	太	4表	1	大
	23	2裏	7	光(大ノ下)ノ下、ナシ	4表	6	ナシ	32	ナシ	4表	1	(一字空ニ「○」)
	24	2裏	8	弟	4裏	1	苐	34	弟	4表	2	弟
	25	3表	1	皇ノ下、ナシ	4裏	2	立為ヲ墨デ抹消	34	ナシ	4表	3	ナシ
	26	3表	1	立	4裏	3	立	34	立	4表	3	ナシ
	27	3表	2	々（一ノ下）	4裏	5	一	36	々	4表	5	々
	28	3表	4	子	4裏	7	子（傍補）	36	子	4表	7	子
	29	3表	4	曰（左ニ傍補）	5表	1	曰	38	曰	4表	7	曰（傍補）
	30	3表	4	花	5表	1	花	38	華	4表	7	花
	31	3表	4	経	5表	1	経	38	ナシ	4表	7	経
	32	3表	5	無	5表	2	无	39	無	4表	8	無
	33	3表	5	昔ノ下、ナシ	5表	3	昔ヲ朱デ抹消	39	ナシ	4表	8	ナシ
	34	3表	6	答	5表	3	答	40	問	4裏	1	答
	35	3表	6	大	5表	5	大	41	太	4裏	2	大
	36	3表	7	指（即ニ重書）	5表	5	命	41	相	4裏	2	命
一	37	3表	7	指ノ下、相(傍補)	5表	5	ナシ	41	ナシ	4裏	2	ナシ
	38	3表	7	以	5表	6	以（朱傍補） #	42	以	4裏	3	以
	39	3表	7	大	5表	6	大	42	太	4裏	3	大
	40	3表	8	先	5表	6	先	42	光	4裏	3	先
	41	3表	8	花	5表	7	花	43	華	4裏	4	花
	42	3表	9	披	5裏	1	彼	43	彼	4裏	4	彼
	43	3裏	1	已ノ下、ナシ	5裏	2	汝	44	汝	4裏	5	汝
	44	3裏	1	此	5裏	2	此	44	ナシ	4裏	5	此
	45	3裏	1	与	5裏	3	与	44	与＊	4裏	5	與
	46	3裏	2	令（命ニ重書）	5裏	4	令	46	令	4裏	7	命
	47	3裏	2	歡（勸ニ重書）	5裏	4	歡	46	歡	4裏	7	歡
	48	3裏	2	納	5裏	5	納	47	ナシ	4裏	7	納
	49	3裏	3	大	5裏	6	太	47	太	4裏	8	太
	50	3裏	4	号	5裏	7	号	48	号＊	5表	1	號
	51	3裏	5	義	6表	2	義	49	義	5表	2	ナシ
	52	3裏	7	莫	6表	5	莫	51	尤	5表	5	莫
	53	3裏	8	身	6表	7	身	53	自	5表	6	身
	54	3裏	9	年	6裏	1	季	53	年	5表	7	年
	55	3裏	9	弟	6裏	1	苐	54	第＊	5表	7	弟
	56	4表	1	太	6裏	3	大	55	大	5表	8	太
	57	4表	2	将（或ハ持カ）	6裏	3	持	55	持	5表	8	持
	58	4表	2	将ノ下、ナシ	6裏	3	ナシ	55	薨	5表	8	ナシ
	59	4表	2	無	6裏	3	无	55	无	5裏	1	無
	60	4表	2	薨	6裏	4	薨	56	ナシ	5裏	1	夢薨
	61	4表	2	太	6裏	4	大	56	大	5裏	1	太
	62	4表	4	太子也	6裏	7	ナシ	58	ナシ	5裏	3	ナシ

		尊経閣文庫本			天理図書館本			七寺本		内閣文庫本		
		丁	行		丁	行		行		丁	行	
	63	4表	5	下ノ下、ナシ	7表	1	大	59	大	5裏	4	大
	64	4表	6	着	7表	2	着	60	者	5裏	5	着
	65	4表	6	塵	7表	3	塵、墨デ抹消シ左ニ「ト」ヲ附シ「塵、「主」（朱書音注）」頭書	60	塵	5裏	5	塵
	66	4表	6	儀ノ下、ナシ	7表	3	ナシ	61	式	5裏	6	ナシ
	67	4表	7	花	7表	4	華	61	華	5裏	6	花
	68	4表	7	皇	7表	5	皇	62	皇	5裏	7	王
	69	4表	7	太	7表	5	大	62	太	5裏	7	太
	70	4表	8	橋（訓仮名「ハシ」アリ）	7表	6	橋	62	橋	5裏	8	橋
	71	4表	8	又	7表	6	又	63	又	5裏	8	又（傍補）
	72	4表	9	経	7表	7	経	63	経	5裏	8	経（傍補）
	73	4表	9	播	7表	7	播	63	播	5裏	8	幡
	74	4表	9	「給」ノ下、ナシ	7裏	1	ナシ	64	隆	6表	1	ナシ
	75	4表	9	于	7裏	1	于	64	于	6表	1	乎
	76	4表	9	施	7裏	1	絶（偏ニ朱デ「方」ヲ重書）、右ニ「施」朱傍書	64	施	6表	1	施
	77	4裏	1	隆	7裏	1	隆	64	ナシ	6表	1	隆
	78	4裏	1	造（「口」ヲ「人」ノ如ク書ス）	7裏	2	造	65	造	6表	2	遣
	79	4裏	1	墓	7裏	2	墓	65	墓	6表	2	基、「墓イ」（傍書）
一	80	4裏	1	帰	7裏	2	ナシ	65	帰	6表	2	帰
	81	4裏	1	垂	7裏	3	垂	65	垂	6表	2	邊
	82	4裏	2	怜	7裏	3	怜	66	怜	6表	3	憐
	83	4裏	2	々々	7裏	4	々々	66	々々	6表	3	ナシ
	84	4裏	2	袍ノ下、ナシ	7裏	4	ナシ	66	上衣也	6表	3	ナシ
	85	4裏	3	斯以下ノ歌、改行ナシ、斯ノ上1字空	7裏	6	改行ス	68	改行ス	6表	5	改行シ小字双行ニ書ス
	86	4裏	3	留（傍補）	7裏	6	留	68	留	6表	5	留
	87	4裏	3	伊比迩	7裏	6	ナシ	68	伊比邇*	6表	5	伊比迩
	88	4裏	4	留ノ下、ナシ	7裏	7	ナシ	69	ナシ	6表	5	諸能
	89	4裏	4	他ノ下、ナシ	7裏	7	ナシ	69	岐	6表	5	ナシ
	90	4裏	4	夜	8表	1	夜	69	ナシ	6表	5	夜
	91	4裏	5	米	8表	1	米	70	米	6表	6	年
	92	4裏	5	米ノ下、ナシ	8表	1	ナシ	70	ナシ	6表	6	迷
	93	4裏	5	弥ノ下、ナシ	8表	2	ナシ	70	陀*	6表	6	ナシ
	94	4裏	5	吉（志ニ重書）	8表	2	吉	71	吉	6表	6	吉
	95	4裏	5	迩	8表	2	尓	71	邇*	6表	6	迩
	96	4裏	6	世	8表	3	ナシ	71	世	6表	6	世
	97	4裏	6	飢以下、改行ナシ、飢ノ上1字空	8表	4	改行ス	73	改行ス	6表	8	改行ス
	98	4裏	7	伊以下ノ歌、行頭ヨリ始マル	8表	5	改行ス	73	改行セズ	6裏	1	改行シ小字双行ニ書ス
	99	4裏	7	珂	8表	5	賀	73	珂	6裏	1	河
	100	4裏	7	瑠	8表	5	流	73	留	6裏	1	瑠
	101	4裏	7	賀	8表	5	可	73	賀	6裏	1	賀

		尊経閣文庫本			天理図書館本			七寺本		内閣文庫本		
		丁	行		丁	行		行		丁	行	
	102	4裏	7	何	8表	5	河	73	何	6裏	1	何
	103	4裏	7	波	8表	6	婆	74	婆	6裏	1	波
	104	4裏	8	保	8表	6	保	74	ナシ	6裏	1	保
	105	4裏	8	只	8表	6	只	74	只	6裏	1	日
	106	4裏	8	能ノ下、ナシ	8表	6	弥（偏ヲ「方」ニ作ル）	74	ナシ	6裏	1	弥（偏ヲ「方」ニ作ル）
	107	4裏	8	奈ノ下、ナシ	8表	6	波	74	ナシ	6裏	1	ナシ
	108	4裏	8	還	8裏	1	還	75	遷	6裏	2	還
	109	4裏	8	還以下、改行セズ、還ノ上1字空	8裏	1	改行ス	75	改行セズ	6裏	2	改行ス
	110	4裏	8	視（礼ニ重書）	8裏	1	視	75	視	6裏	2	視
	111	4裏	10	子	8裏	3	子（傍補）	77	子	6裏	3	子
	112	4裏	10	卿	8裏	3	卿（「卩」ヲ「歹」ニ作ル異体字）	77	卿	6裏	4	郷
	113	4裏	10	等發	8裏	4	寺撥	77	揆等	6裏	4	寺撥
	114	4裏	10	發ノ下、ナシ	8裏	4	ナシ	77	検*	6裏	4	ナシ
	115	5表	1	見ノ下、ナシ	8裏	4	ナシ	78	ナシ	6裏	5	之、左ニ「ヒ」、右ニ「ヒ」ヲ附シ抹消
	116	5表	1	無	8裏	5	无	78	者	6裏	5	无
	117	5表	1	屍	8裏	5	屍	78	灰	6裏	5	屍
	118	5表	1	棺ノ下、ナシ	8裏	5	ナシ	78	微	6裏	5	ナシ
	119	5表	1	斂	8裏	5	斂	78	殿	6裏	6	斂
一	120	5表	2	置	8裏	6	置	79	置	6裏	6	晝（上部ヲ「尺」ニ作ル異体字）、「置欤」（傍書）
	121	5表	2	無	8裏	6	无	79	无	6裏	6	无
	122	5表	2	子ノ下、ナシ	8裏	7	ナシ	80	天	6裏	6	ナシ
	123	5表	2	尓（「等」ノ略体ノ誤写）	8裏	7	等（略体）	80	等*	6裏	6	等
	124	5表	2	太	8裏	7	大	80	ナシ	6裏	6	太
	125	5表	2	歎	8裏	7	嘆	80	嘆	6裏	7	歎
	126	5表	3	徳ノ下、ナシ	8裏	7	太子	80	ナシ	6裏	7	ナシ
	127	5表	3	側ノ下、ナシ	9表	1	ナシ、側ノ下ニ朱挿入符ヲ附シ左ニ「侍坐イ」傍書（訓仮名「サフラフ」朱傍書）	80	ナシ	6裏	7	ナシ
	128	5表	3	汝	9表	1	汝	81	汝	6裏	7	ナシ
	129	5表	3	之	9表	2	之	81	ナシ	6裏	8	之
	130	5表	4	穴	9表	2	穴	81	穴	6裏	8	棺
	131	5表	4	年	9表	3	年	82	身	6裏	8	身
	132	5表	4	修	9表	3	脩	82	修*	6裏	8	修
	133	5表	5	國ノ下、ナシ	9表	4	ナシ	82	為	7表	1	ナシ
	134	5表	5	之	9表	4	之	82	无	7表	1	之
	135	5表	6	吾	9表	6	吾（五ニ重書）	84	吾	7表	2	吾
	136	5表	6	子	9表	6	子、「妃イ」朱傍書	84	子	7表	3	子
	137	5表	6	大	9表	7	太	84	太	7表	3	太
	138	5表	7	旦	9裏	1	旦（傍補）	86	旦	7表	4	旦
	139	5表	8	知	9裏	2	知	87	如	7表	5	知
	140	5裏	1	無	9裏	6	无	89	无	7表	8	无

		尊経閣文庫本			天理図書館本			七寺本		内閣文庫本		
		丁	行		丁	行		行		丁	行	
	141	5裏	2	慈（読取リ、5表5行ノ慈ノ如キ行書体ノ誤写カ）	10表	2	慈	91	慈	7裏	2	慈
	142	5裏	3	薨	10表	2	薨	91	夢	7裏	2	薨
	143	5裏	3	大	10表	3	大	92	大	7裏	3	太
一	144	5裏	4	縦	10表	4	縦	93	ナシ	7裏	3	縦
	145	5裏	4	愸（旁ヲ「牙」ト「攵」ニ作ル）	10表	4	愸（字形、尊経閣文庫本ニ同ジ）	93	愸（字形、尊経閣文庫本ニ同ジ）	7裏	3	愁
	146	5裏	4	何	10表	4	何	93	付	7裏	4	何
	147	5裏	4	葬	10表	5	薨	93	薨	7裏	4	薨
	1	5裏	7	大	10裏	2	大	96	太	7裏	7	大
	2	5裏	8	初	10裏	2	初	97	初	7裏	8	ナシ
	3	5裏	8	岐	10裏	3	枝	97	岐	7裏	8	岐
	4	5裏	9	収ノ下、ナシ	10裏	4	而	97	而	8表	1	而
	5	5裏	9	少	10裏	4	小	98	少	8表	1	少
	6	5裏	9	年	10裏	4	季	98	年	8表	1	年
	7	5裏	9	之	10裏	4	之	98	之	8表	1	ナシ
	8	5裏	9	隣子	10裏	5	隣子	98	隣子	8表	1	ナシ
	9	5裏	9	嘆	10裏	5	嘆	99	歎	8表	2	嘆
	10	6表	1	少	11表	1	少	101	ナシ	8表	4	少
	11	6表	2	嘆	11表	1	嘆	101	歎	8表	4	嘆
	12	6表	3	牛（重書）	11表	3	牛	102	牛	8表	5	牛
	13	6表	3	来	11表	4	来	103	来	8表	5	来（傍補）
	14	6表	3	菩薩出家	11表	4	井出家	103	家出菩薩	8表	8	菩薩出家
	15	6表	4	僧ノ下、ナシ	11表	5	讃ヲ墨デ抹消	103	請	8表	6	ナシ
	16	6表	4	唯	11表	5	唯	104	ナシ	8表	7	唯
	17	6表	5	井	11表	6	井	104	菩薩	8表	7	菩薩
	18	6表	5	墓、訓仮名「シタテ」傍書	11表	7	慕	105	慕	8表	8	慕
二	19	6表	6	数ノ下、ナシ	11表	7	ナシ	105	数	8表	8	ナシ
	20	6表	6	菩薩	11表	7	井	105	菩薩	8表	8	菩薩
	21	6表	6	處	11裏	1	處	105	処＊	8裏	1	ナシ
	22	6表	6	無	11裏	1	无	106	无	8裏	1	无
	23	6表	6	無（田ノ下）	11裏	1	无	106	无	8裏	1	无
	24	6表	6	耕（偏ヲ「禾」ニ作ル）	11裏	1	耕（字形、尊経閣文庫本ニ同ジ）	106	耕＊	8裏	1	耕
	25	6表	6	耕ノ下、ナシ	11裏	1	ナシ	106	幼	8裏	1	ナシ
	26	6表	6	幼	11裏	2	幼	106	ナシ	8裏	1	幼
	27	6表	6	艾	11裏	2	艾	106	艾	8裏	1	英
	28	6表	7	捨	11裏	2	捨	106	捨	8裏	1	ナシ
	29	6表	7	耒	11裏	2	耒	106	耒	8裏	1	采
	30	6表	7	耜（偏ヲ「禾」ニ作ル）	11裏	2	耜（字形、尊経閣文庫本ニ同ジ）	106	耜	8裏	1	椎
	31	6表	7	機	11裏	2	機	106	機	8裏	1	機（旁ノ下部ヲ「儿」ニ作ル、機ノ行書体ノ誤写カ）
	32	6表	7	導	11裏	3	導	107	導	8裏	2	道
	33	6表	7	導ノ下、ナシ	11裏	3	ナシ	107	杼	8裏	2	ナシ

		尊経閣文庫本			天理図書館本			七寺本		内閣文庫本		
		丁	行		丁	行		行		丁	行	
二	34	6表	8	害（旁ヲ「亠」ト「人」ヲ合セタ字形）	11裏	3	害(旁ノ上部ヲ「ユ」ニ作ル)	108	害＊	8裏	2	害(旁ノ上部ヲ「ユ」ニ作ル)
	35	6表	8	修	11裏	4	脩	108	修＊	8裏	3	修
	36	6表	8	田（傍補）	11裏	4	田之	108	田渠之	8裏	3	田之
	37	6表	9	之	11裏	5	ナシ	109	之	8裏	3	之
	38	6表	9	之ノ下、ナシ	11裏	5	可	109	可	8裏	3	可
	39	6表	9	渠	11裏	5	渠	109	ナシ	8裏	4	渠
	40	6表	9	陂	11裏	5	陂	109	彼	8裏	4	防
	41	6表	9	隄	11裏	5	堤	109	提	8裏	4	隄
	42	6裏	1	今	11裏	7	今	110	今	8裏	5	今、「時イ」（傍書）
	43	6裏	1	菩薩	11裏	7	井	111	菩薩	8裏	5	菩薩
	44	6裏	1	饑	11裏	7	饑	111	饑	8裏	5	幾
	45	6裏	2	處	12表	1	處	111	処＊	8裏	6	処
	46	6裏	2	存	12表	2	存	111	存	8裏	6	在
	47	6裏	2	修	12表	2	脩	112	修＊	8裏	6	修
	48	6裏	4	井	12表	4	井	113	菩薩	8裏	8	菩薩
	49	6裏	4	過	12表	4	過	113	過	8裏	8	過（傍補）
	50	6裏	4	於	12表	4	於	113	於	8裏	8	ナシ
	51	6裏	4	處	12表	4	處	113	処＊	8裏	8	処
	52	6裏	4	年	12表	4	秊	113	年	8裏	8	年
	53	6裏	4	小	12表	4	少	113	少	8裏	8	少
	54	6裏	4	蕩	12表	4	蕩	113	蕩	8裏	8	ナシ
	55	6裏	5	於	12表	5	於	114	於	8裏	8	ナシ
	56	6裏	5	菩薩	12表	5	井	114	菩薩	8裏	8	菩薩
	57	6裏	5	々々(菩薩ノ下)	12表	5	々々	114	々々	9表	1	菩薩（行頭ニアリ）
	58	6裏	5	出	12表	6	出	114	出	9表	1	出、「池イ」（傍書）
	59	6裏	6	皇	12表	7	皇	114	皇	9表	2	王
	60	6裏	6	甚	12表	7	甚	114	其	9表	2	甚
	61	6裏	6	位	12表	7	位	116	位	9表	2	ナシ
	62	6裏	7	時ノ下、ナシ	12裏	1	僧	116	僧	9表	2	僧
	63	6裏	7	僧ノ下、也ノ右ニ抹消符「止」ヲ附ス	12裏	1	ナシ	116	ナシ	9表	3	ナシ
	64	6裏	8	因ノ下、ナシ	12裏	2	弃ヲ墨デ抹消	117	ナシ	9表	4	ナシ
	65	6裏	8	弃	12裏	3	弃	117	棄＊	9表	4	弃
	66	6裏	9	告ノ下、ナシ	12裏	5	ナシ	119	第	9表	5	ナシ
	67	6裏	9	弟	12裏	5	弟	119	弟	9表	5	弟
	68	6裏	9	王ノ下、言ノ右ニ抹消符「止」ヲ附ス	12裏	5	ナシ	119	ナシ	9表	6	ナシ
	69	7表	1	問	12裏	7	問	120	問	9表	7	問
	70	7表	2	菩薩	12裏	7	井	120	井	9表	7	菩薩
	71	7表	2	遠	13表	1	遠	121	遠	9表	7	遠、「遥イ」（傍書）
	72	7表	2	満	13表	1	満	121	満	9表	8	満（傍補）
	73	7表	3	呵	13表	3	呵	121	呵	9裏	1	ナシ
	74	7表	3	呵ノ下、ナシ	13表	3	「責イ」（呵ノ下ニ朱丸ヲ附シ頭書）	122	ナシ	9裏	1	ナシ
	75	7表	4	菩薩	13表	4	井	122	菩薩	9裏	2	菩薩
	76	7表	4	以	13表	4	以	123	ナシ	9裏	2	以
	77	7表	5	汝ノ下、ナシ	13表	5	者	123	者	9裏	2	者
	78	7表	5	懲	13表	5	懲	123	懲	9裏	2	懲、「治イ」（傍書）

		尊経閣文庫本			天理図書館本			七寺本		内閣文庫本		
		丁	行		丁	行		行		丁	行	
	79	7表	5	即	13表	5	即	124	即	9裏	2	ナシ
	80	7表	6	蘇ノ下、ナシ	13表	7	ナシ	125	先	9裏	3	ナシ
	81	7表	6	菩薩	13表	7	井	125	菩薩	9裏	3	菩薩
	82	7表	6	々々（菩薩ノ下）	13表	7	々々	125	々々	9裏	4	菩薩（傍補）
	83	7表	6	々々ノ下、ナシ	13表	7	此時	125	ナシ	9裏	4	此時
	84	7表	7	菩薩	13裏	1	井	126	菩薩	9裏	4	菩薩
	85	7表	7	知	13裏	1	知	126	智	9裏	5	智
	86	7表	7	知ノ下、ナシ	13裏	1	ナシ	126	光如	9裏	5	ナシ
	87	7表	8	菩薩	13裏	3	井	128	菩薩	9裏	6	菩薩
	88	7表	9	以	13裏	4	以	128	ナシ	9裏	6	以
	89	7表	9	菩薩	13裏	4	井	128	ナシ	9裏	7	菩薩（地辺ニ補ウ）
	90	7表	9	基ノ下、不堪（傍補）	13裏	5	不堪	128	不堪	9裏	7	不堪
	91	7表	9	會	13裏	5	會	128	会＊	9裏	7	會（傍補）
	92	7裏	1	期ノ下、ナシ	13裏	6	為講師	129	ナシ	9裏	8	ナシ
	93	7裏	2	菩薩	14表	1	井	130	菩薩	10表	1	菩薩
	94	7裏	2	百	14表	1	九十九	130	百	10表	1	百
	95	7裏	3	波	14表	2	波	131	波	10表	2	波（傍補）
	96	7裏	3	相ノ下、ナシ	14表	3	得ヲ墨デ抹消	132	ナシ	10表	2	ナシ
	97	7裏	3	待	14表	3	待	132	侍	10表	2	待
	98	7裏	4	基ノ下、ナシ	14表	3	井	132	菩薩	10表	3	菩薩
	99	7裏	4	百	14表	3	九十九	132	百	10表	3	百
	100	7裏	4	僧ノ下、ナシ	14表	4	ナシ	132	ナシ	10表	3	之
	101	7裏	4	末ノ下、ナシ	14表	4	来	132	ナシ	10表	3	ナシ
二	102	7裏	5	舟	14表	6	舟（小ノ下カ）、「舩イ」朱頭書	134	舟	10表	5	舟
	103	7裏	5	向	14表	6	向	134	向	10表	5	回
	104	7裏	5	而	14表	6	而	134	而	10表	5	ナシ
	105	7裏	6	伽（重書）	14表	7	伽	134	伽	10表	5	伽
	106	7裏	6	弟	14表	7	弟	135	第	10表	6	弟
	107	7裏	6	舟	14表	7	舟、「舩」朱頭書	135	舟	10表	6	舟
	108	7裏	6	有	14表	7	有	135	有	10表	6	ナシ
	109	7裏	6	菩薩	14裏	1	井	135	菩薩	10表	6	菩薩
	110	7裏	7	菩薩	14裏	2	井	136	菩薩	10表	7	菩薩
	111	7裏	7	唱	14裏	2	唱	136	唱	10表	7	ナシ
	112	7裏	7	唱ノ下、ナシ	14裏	2	ナシ	136	和	10表	7	ナシ
	113	7裏	7	倭	14裏	2	倭	136	倭	10表	7	倭（偏ヲ禾ニ作ル）
	114	7裏	7	霊以下ノ歌、改行セズ	14裏	3	改行ス	136	改行セズ	10表	8	改行シ、小字双行ニ書ス
	115	7裏	7	釈	14裏	3	釋	136	釈＊	10表	8	尺
	116	7裏	7	乃	14裏	3	能	137	乃	10表	8	乃
	117	7裏	8	美	14裏	3	弥	137	弥	10表	8	美
	118	7裏	8	迩	14裏	3	迩	137	邇＊	10表	8	尓
	119	7裏	8	弖	14裏	4	天	137	弖	10表	8	弖
	120	7裏	8	女	14裏	4	如	137	如	10表	8	如
	121	7裏	8	智	14裏	4	智	137	智	10表	8	知
	122	7裏	8	須	14裏	4	須（「彳」ニ「彡」重書）	138	須	10表	8	須
	123	7裏	8	比	14裏	4	比	138	比	10表	8	ナシ
	124	7裏	9	毛	14裏	5	毛	138	奈	10表	8	毛
	125	7裏	9	異以下、改行セズ	14裏	6	改行ス	139	改行ス	10裏	1	改行ス

		尊経閣文庫本			天理図書館本			七寺本		内閣文庫本		
		丁	行		丁	行		行		丁	行	
二	126	7裏	9	云	14裏	6	曰	139	云	10裏	1	云
	127	7裏	9	云ノ下、ナシ	14裏	6	迦毘ヲ墨デ抹消(毘ハ田ヲ書キカケ)	139	ナシ	10裏	1	ナシ
	128	7裏	9	迦以下ノ歌、改行セズ	14裏	7	改行ス	139	改行セズ	10裏	2	改行シ、小字双行ニ書ス
	129	7裏	9	迩	14裏	7	迩	139	邇＊	10裏	2	迩
	130	7裏	9	迩（毛ノ下）	14裏	7	迩	139	邇＊	10裏	2	迩
	131	7裏	9	知	14裏	7	智	139	智	10裏	2	知
	132	8表	1	安	15表	1	阿	140	阿	10裏	2	安
	133	8表	1	天	15表	1	天	140	弖	10裏	2	天
	134	8表	1	珠	15裏	1	珠	140	ナシ	10裏	2	珠
	135	8表	1	能	15表	1	能	140	乃	10裏	2	能
	136	8表	1	美	15表	2	弥	140	美	10裏	2	美
	137	8表	1	賀	15表	2	賀	140	加	10裏	2	加
	138	8表	2	行以下、改行ス	15表	3	改行ス	141	改行セズ	10裏	3	改行ス
	139	8表	2	基	15表	3	基（重書）	141	基	10裏	3	基
	140	8表	2	菩薩	15表	3	𦬇	141	菩薩	10裏	3	菩薩
	141	8表	2	素	15表	3	素	141	索	10裏	3	素
	142	8表	2	曰	15表	3	云	141	云	10裏	3	曰
	143	8表	2	波	15表	4	婆	141	波	10裏	3	波
	144	8表	2	菩提	15表	4	𦬇	141	菩薩	10裏	3	菩提
	145	8表	3	菩薩	15表	5	𦬇	142	菩薩	10裏	4	菩薩
	146	8表	3	是	15表	5	是	142	是	10裏	4	ナシ
	147	8表	3	餘	15表	5	餘	143	余＊	10裏	5	余
	148	8表	4	覼(旁ヲ「爾」ニ作ル)	15表	6	覼（尊経閣文庫ト同字形）	143	覼＊	10裏	5	覼（読ミ取リ）
	149	8表	4	菩薩	15表	6	𦬇	143	菩薩	10裏	5	菩薩
	150	8表	4	二日	15表	7	ナシ	144	ナシ	10裏	6	ナシ
	151	8表	4	唱	15表	7	唱	144	唱	10裏	6	ナシ
	152	8表	5	時（傍補）	15表	7	時	144	時	10裏	6	時
	153	8表	5	年	15表	7	年	144	年	10裏	6	ナシ
	154	8表	5	佛以下、改行セズ	15裏	1	改行シ一字下ゲニ書ス	144	改行セズ	10裏	7	改行シ、小字双行ニ書ス
	155	8表	5	及	15裏	1	及	145	乃	10裏	7	及
	156	8表	6	無	15裏	3	无	145	无	10裏	7	无
	157	8表	6	假	15裏	3	暇	145	仮＊	10裏	7	暇
	158	8表	6	翰	15裏	3	幹	146	翰	10裏	7	筆、左ニ抹消符「ヒ」ヲ付シ右ニ「翰」傍書
	159	8表	6	訪	15裏	3	訪	146	訪	10裏	7	訪（偏ハ重書）
	160	8表	7	人（傍補）	15裏	4	人	146	人	10裏	8	人
	161	8表	8	王	15裏	5	王	147	ナシ	10裏	8	王
	162	8表	8	辞	15裏	6	辞	147	乱＊	10裏	8	辭
	163	8表	8	大王（筆ノ下）	15裏	6	大王	148	大王	10裏	8	ナシ
	164	8表	8	記	15裏	6	記	148	記	10裏	8	ナシ
	165	8表	9	戴	15裏	7	載	148	載	11表	1	載
	166	8表	9	菩薩	15裏	7	𦬇	148	菩薩	11表	1	菩薩
	167	8表	9	大	16表	1	天	149	大	11表	1	大
	168	8表	9	風	16表	1	風	149	風	11表	1	沈
	169	8表	10	自	16表	2	自	150	自	11表	1	ナシ

		尊経閣文庫本			天理図書館本			七寺本		内閣文庫本		
		丁	行		丁	行		行		丁	行	
二	170	8表	10	及	16表	2	及	150	及	11表	1	ナシ
	171	8裏	1	抽	16表	3	抽	150	抽	11表	2	ナシ
	172	8裏	1	菩薩	16表	3	井	150	菩薩	11表	2	菩薩
三	1	8裏	2	法（傍補）	16表	4	法	152	法	11表	3	法
	2	8裏	2	俗姓	16表	4	俗姓	152	姓俗	11表	3	俗姓
	3	8裏	2	不破勝	16表	4	不破勝	152	藤原氏、「不破勝乃失イ本」（傍書）	11表	3	不破勝
	4	8裏	3	學	16表	5	學	153	覚＊	11表	4	學
	5	8裏	3	菩提（提ハ薩ヲ書キカケニ重書）	16裏	1	井	155	菩提	11表	6	菩薩
	6	8裏	5	中	16裏	1	中	155	中	11表	6	裏
	7	8裏	5	年	16裏	2	秊	155	年	11表	6	年
	8	8裏	5	夢ノ下、ナシ	16裏	3	ナシ	156	ナシ	11表	7	矣
四	1	8裏	6	俗	16裏	5	俗	157	ナシ	11表	8	俗
	2	8裏	6	氏ノ下、ナシ	16裏	5	ナシ	157	也	11裏	1	ナシ
	3	8裏	7	家	16裏	6	家	159	ナシ	11裏	2	家
	4	8裏	7	傳ノ下、ナシ	16裏	7	ナシ	159	家	11裏	2	ナシ
	5	8裏	8	年	16裏	7	秊	159	年	11裏	2	年
	6	8裏	8	修	17表	1	脩	159	修＊	11裏	3	修
	7	8裏	9	一ノ下、ナシ	17表	2	ナシ	160	記	11裏	3	ナシ
	8	8裏	9	紀	17表	2	紀	160	紀	11裏	3	化
	9	9表	1	弥（傍補）（偏ヲ「方」ニ作ル）	17表	4	弥（尊経閣文庫ト同ジ字形）	162	弥＊	11裏	5	彌
	10	9表	1	花	17表	4	花	162	華	11裏	5	花
	11	9表	2	之ノ下、ナシ	17表	6	力	164	力	11裏	7	力
	12	9表	3	両ノ下、ナシ	17表	7	ナシ	164	大師所伝也凡	11裏	7	ナシ
	13	9表	3	比	17表	7	皆	165	皆	11裏	7	皆
	14	9表	3	菩薩	17裏	1	井	165	菩薩	11裏	8	菩薩
	15	9表	4	甘	17裏	2	甘	166	甘	12表	1	井
	16	9表	4	口ノ下、ナシ	17裏	2	ナシ	166	即	12表	1	ナシ
	17	9表	4	滋	17裏	2	殊、左ニ朱点ヲ附シ「滋イ」朱頭書	166	滋	12表	1	滋
	18	9表	5	身ノ下、ナシ	17裏	2	ナシ	167	味	12表	1	ナシ
	19	9表	5	無	17裏	2	无	167	无	12表	1	無
	20	9表	5	正	17裏	3	正	167	四	12表	2	正
	21	9表	6	唐院（号ノ下）	17裏	5	唐院	168	今来	12表	3	唐院
	22	9表	6	院ノ下、ナシ	17裏	5	今来	168	ナシ	12表	3	ナシ
	23	9表	6	無	17裏	5	无	168	无	12表	3	無
	24	9表	7	令ノ下、ナシ	17裏	6	ナシ	169	令	12表	5	ナシ
	25	9表	7	前大師	17裏	6	前大師	169	ナシ	12表	4	前大師
	26	9表	7	南	17裏	6	南	169	南	12表	4	ナシ
	27	9表	7	方ノ下、ナシ	17裏	7	云	169	ナシ	12表	4	云
	28	9表	7	容	17裏	7	客	169	容	12表	4	客（読ミ取リ）
	29	9表	7	到	17裏	7	列	170	列	12表	4	到
	30	9表	8	祐	17裏	7	祐（旁ヲ「左」ニ作ル）	169	祐	12表	5	祐
	31	9表	8	無	18表	1	无	170	无	12表	5	無
	32	9表	10	賜	18表	3	贈、贈ノ左傍ニ朱点ヲ附シ「賜フ」朱頭書	171	贈	12表	7	賜
	33	9表	10	謚ノ下、ナシ	18表	3	ナシ	172	之	12表	7	ナシ

		尊経閣文庫本			天理図書館本			七寺本		内閣文庫本		
		丁	行		丁	行		行		丁	行	
四	34	9表	10	覺慈（慈ノ右傍ニ顛倒符「レ」ヲ附ス）	18表	3	慈覺	171	慈覚	12表	7	慈覺
五	1	9裏	1	師ノ下、ナシ	18表	4	ナシ	172	降	12表	8	ナシ
	2	9裏	1	隆	18表	4	隆	172	隆	12表	8	澄
	3	9裏	2	世	18表	5	世	173	世	12裏	1	也
	4	9裏	2	世ノ下、ナシ	18表	5	以	173	以	12裏	1	以
	5	9裏	2	隆	18表	6	隆	174	降、「隆イ」（傍書）	12裏	1	澄
	6	9裏	3	異	18表	7	異	175	異	12裏	2	営
	7	9裏	3	戴	18表	7	載	175	載	12裏	2	載
	8	9裏	4	問	18裏	2	問（同ノ如ク書スガ問ト読ミ取ル）	177	問	12裏	4	同
	9	9裏	4	辦	18裏	2	弁	177	弁＊	12裏	4	弁
	10	9裏	4	析（「折」ノ如ク手偏ニ書スガ「石」ノ傍訓ガ附サレテイルノデ「析」ノ異体字）	18裏	3	析	177	析	12裏	4	折
	11	9裏	5	齒	18裏	3	齒	177	齡	12裏	4	歯
	12	9裏	5	造、右傍ニ抹消符「止」ヲ附ス	18裏	3	ナシ	177	ナシ	12裏	5	ナシ
	13	9裏	5	弟	18裏	4	苐	178	弟	12裏	5	弟
	14	9裏	5	子ノ左傍ニ附ス「○」ハ抹消符「止」カ注意ヲ示ス強調符カ	18裏	4	ナシ	178	子	12裏	5	子
	15	9裏	5	至（傍補）	18裏	4	至	178	至	12裏	5	至
	16	9裏	5	常	18裏	4	當	178	当＊	12裏	5	當
	17	9裏	6	無	18裏	5	无	179	无	12裏	6	無
	18	9裏	6	菩薩（薩ハ虫損ニヨリ一部残ル）	18裏	6	卄	179	菩薩	12裏	6	菩薩
	19	9裏	7	聲	18裏	7	聲	180	ナシ	12裏	7	聲
	20	9裏	8	弟	19表	1	苐	180	弟	12裏	8	弟
	21	9裏	8	北	19表	1	北	180	ナシ	12裏	8	比
	22	9裏	8	右	19表	1	右、左傍ニ墨点ヲ附シ右ニ「イ无」傍書	181	右、「左或本无」（傍書）	12裏	8	右
	23	9裏	8	無	19表	1	无	181	无	12裏	8	無
	24	9裏	9	爛ノ下、ナシ	19表	2	ナシ	182	ナシ	13表	1	云〻（小字）
六	1	9裏	9	主僧	19表	3	主僧	183	僧主	13表	2	主僧
	2	9裏	9	大（史ニ重書）	19表	3	大	183	大	13表	2	大
	3	9裏	9	父（女ニ重書）	19表	4	父	183	父	13表	3	父
	4	10表	1	無	19表	4	无	184	无	13表	3	无
	5	10表	1	性	19表	5	姓	184	性	13表	3	性
	6	10表	1	少	19表	5	少	184	小	13表	3	少
	7	10表	1	無	19表	5	无	184	无	13表	3	無
	8	10表	2	菩提	19表	6	井	185	菩薩提	13表	4	菩提
	9	10表	2	戒	19表	7	戒	186	我	13表	5	戒
	10	10表	3	尊（傍補）	19裏	1	尊	187	尊	13表	6	尊
	11	10表	3	卑（上部ヲ「日」ニ作ル）	19裏	1	卑（上部ヲ「田」ニ作ル）	187	卑	13表	6	卑（上部ヲ「日」ニ作ル）
	12	10表	3	客（「各」ノ「夂」ヲ「亠」ト「ノ」ニ作ル）	19裏	2	客	187	客	13表	6	客

		尊経閣文庫本			天理図書館本			七寺本		内閣文庫本		
		丁	行		丁	行		行		丁	行	
六	13	10表	3	来ノ下、ナシ	19裏	2	必	187	必	13表	6	必
	14	10表	3	迎	19裏	2	迎	187	追	13表	6	迎
	15	10表	4	透	19裏	2	透	188	透	13表	6	秀
	16	10表	4	之	19裏	2	之	188	之	13表	6	之（傍補）
	17	10表	5	夭	19裏	3	夭	189	妖	13表	8	夭
	18	10表	5	歎	19裏	5	嘆	189	歎	13表	8	歎
	19	10表	6	砕	19裏	6	砕	190	砕	13裏	1	砕（傍補）
	20	10表	6	傍ノ下、ナシ	19裏	7	仁和寺	191	ナシ	13裏	2	ナシ
	21	10表	7	光ノ下、ナシ	20表	1	現、墨デ抹消	192	ナシ	13裏	3	ナシ
	22	10表	9	有	20表	3	有	193	有	13裏	4	在
	23	10表	9	門ノ下、ナシ	20表	4	ナシ	194	徒	13裏	5	ナシ
	24	10表	9	弟	20表	4	苐	194	弟	13裏	5	弟
	25	10表	9	子	20表	4	ナシ	194	子	13裏	5	子
	26	10裏	1	阿	20表	7	ナシ、「阿イ」(朱傍書)	196	ナシ	13裏	7	ナシ
	27	10裏	3	賜	20裏	2	贈、「賜イ」(朱傍書)	198	賜	14表	1	賜
	28	10裏	3	観ノ下、ナシ	20裏	2	ナシ	198	ナシ	14表	1	云〻（小字）
七	1	10裏	4	無	20裏	3	无	199	无	14表	2	无
	2	10裏	4	貧亡	20裏	4	貧亡	200	貧巳	14表	3	巳貧
	3	10裏	5	弟	20裏	4	苐	200	第	14表	3	弟
	4	10裏	5	斂葬	20裏	6	葬斂	201	斂葬	14表	4	斂葬
	5	10裏	6	枇杷左	20裏	7	枇杷左	202	批把右	14表	5	枇杷左
	6	10裏	7	舊（下部ノ「臼」ヲ欠クカ）	21表	1	舊	202	旧＊	14表	5	旧
	7	10裏	7	師	21表	1	師	202	ナシ	14表	6	師（傍補）
	8	10裏	7	槁	21表	2	槁	203	稿	14表	6	槁
	9	10裏	8	以	21表	2	以	203	以	14表	6	ナシ
	10	10裏	9	花	21表	4	花	204	華	14表	7	花
	11	10裏	10	一	21表	5	一	205	一	14表	8	ナシ
	12	10裏	10	少	21表	5	小	205	少	14表	8	小
	13	10裏	10	人	21表	5	人	206	人	14表	8	之
	14	10裏	10	書ノ下、ナシ	21表	6	ナシ	206	々	14裏	1	ナシ
	15	10裏	10	供ノ下、ナシ	21表	7	養	206	養	14裏	1	養
	16	11表	1	夢	21表	7	夢	207	夢	14裏	2	ナシ
	17	11裏	1	法(傍補)	21表	7	法	207	法	14裏	2	法
	18	11裏	1	鑪	21裏	1	鑪	207	爐	14裏	2	呂
	19	11裏	2	今	21裏	2	今	208	命	14裏	3	今
八	1	11表	4	祐	21裏	4	祐（旁ヲ「左」ニ作ル）	210	祐	14裏	5	祐
	2	11表	4	齋（下部ヲ「日」ニ作ル）	21裏	5	齋（下部ヲ「日」ニ作ル）	210	斎＊	14裏	5	齋
	3	11表	5	参ノ下、ナシ	21裏	5	堂（墨デ抹消）	211	ナシ	14裏	5	ナシ
	4	11表	6	弟	22表	1	苐	213	弟	14裏	8	弟
	5	11表	7	等	22表	1	等	213	答	14裏	8	䓁
	6	11表	7	終	22表	1	終	213	ナシ	14裏	8	終
	7	11表	7	齋（下部ヲ「日」ニ作ル）	22表	2	齋（下部ヲ「日」ニ作ル）	214	斎＊	15表	1	斎
	8	11表	8	迹	22表	3	迹	214	邇＊	15表	1	近
	9	11表	8	修	22表	4	脩	215	終	15表	2	修
	10	11表	9	弟	22表	5	苐	216	弟	15表	3	弟

		尊経閣文庫本			天理図書館本			七寺本		内閣文庫本		
		丁	行		丁	行		行		丁	行	
八	11	11表	9	陁	22表	5	陁	216	阿	15表	3	陁
	12	11表	10	無	22表	7	无	217	无	15表	4	无
	13	11裏	2	即	22裏	2	即	219	即	15表	6	早
九	1	11裏	3	濟(齊ノ下部ヲ「日」ニ作ル)	22裏	3	済(斉ノ下部ヲ「日」ニ作ル)	220	済＊	15表	7	済（旁ヲ「斎」ニ作ル）
	2	11裏	4	日	22裏	4	日	221	ナシ	15表	8	日
	3	11裏	4	涕	22裏	6	涕(弟ヲ苐ニ作ル)	222	涕	15裏	1	涕
	4	11裏	5	修	22裏	7	脩	222	修＊	15裏	1	修
	5	11裏	6	今	23表	1	今	223	命	15裏	2	今
十	1	11裏	7	本行ヨリ第12丁表第9行マデ、延暦寺定心院十禅師成意ノ伝	25表	6	第23丁表第2行ヨリ第25丁表第5行マデ元興寺智光・頼光ノ伝ヲ収メ、尋デ第25丁表第6行ヨリ成意ノ伝ヲ収ム	247	第225行ヨリ第246行マデ元興寺智光・頼光ノ伝ヲ収メ、尋デ第247行ヨリ成意ノ伝ヲ収ム	17表	2	第15丁裏第4行ヨリ第17丁表第1行マデ元興寺智光・頼光ノ伝ヲ収メ、尋デ第17丁表第2行ヨリ成意ノ伝ヲ収ム
	2	11裏	7	無	25表	7	无	247	无	17表	2	无
	3	11裏	8	本ノ下、ナシ	25表	7	ナシ	248	延暦、延暦ノ下空白ニシテ、自ヨリ改行ス	17表	2	ナシ
	4	11裏	8	齋（下部ヲ「日」ニ作ル）	25表	7	齋（下部ヲ「日」ニ作ル）	249	斎（下部ヲ「日」ニ作ル）	17表	3	斎
	5	11裏	8	弟	25裏	1	苐	249	弟	17表	3	弟
	6	11裏	8	多為	25裏	1	多為	249	為多	17表	4	多為
	7	11裏	9	齋（下部ヲ「日」ニ作ル）	25裏	2	齋（下部ヲ「日」ニ作ル）	250	斎（下部ヲ「日」ニ作ル）	17表	4	斎
	8	11裏	9	清	25裏	3	清	251	清	17表	5	性
	9	11裏	10	亦	25裏	3	亦	251	亦	17表	5	ナシ
	10	11裏	10	無	25裏	3	无	251	无	17表	5	无
	11	12表	1	菩提	25裏	5	井	252	菩提	17表	6	菩提
	12	12表	1	菩提	25裏	5	井	252	菩提	17表	6	菩提
	13	12表	1	弟	25裏	5	苐	252	弟	17表	7	弟
	14	12表	1	弟	25裏	6	苐	253	弟	17表	7	弟
	15	12表	2	弟	25裏	7	苐	254	弟	17表	8	弟
	16	12表	3	弟	26表	2	苐	255	弟	17裏	1	弟
	17	12表	3	曹	26表	2	曹	255	曹	17表	1	曹、「寺イ」(傍書)
	18	12表	4	了	26表	3	了	256	了	17表	2	巳
	19	12表	4	弟	26表	3	苐	256	弟	17裏	2	弟
	20	12表	4	無	26表	3	无	256	无	17裏	2	无
	21	12表	6	弟	26表	6	苐	259	弟	17裏	5	弟
	22	12表	7	為我	26裏	1	為我	259	為我	17裏	6	為我、我ニ「下」、為ニ「上」ヲ附シテ「為我」ニ改ム
	23	12表	7	之	26裏	1	之	260	之	17裏	6	ナシ
	24	12表	8	弟	26裏	2	苐	260	弟	17表	6	弟
	25	12表	8	便	26裏	2	使	260	便	17裏	7	便
	26	12表	8	之	26裏	2	之	260	之	17裏	7	走
	27	12表	8	所	26裏	2	處	260	所	17表	7	所
	28	12表	8	来	26裏	2	来	261	来	17表	7	ナシ

		尊経閣文庫本			天理図書館本			七寺本		内閣文庫本		
		丁	行		丁	行		行		丁	行	
十一	1	12表	10	本行ヨリ第13丁表第9行マデ、元興寺智光・頼光ノ伝ヲ収ム	23表	2	第23丁表第2行ヨリ第25丁表第5行ニ元興寺智光・頼光ノ伝ヲ収ム	225	第225行ヨリ第246行マデ元興寺智光頼光ノ伝ヲ収ム	15裏	4	第15丁裏第4行ヨリ第一七丁表第1行ニ元興寺智光・頼光ノ伝ヲ収ム
	2	12表	10	修	23表	3	脩	225	修＊	15裏	4	修
	3	12裏	1	与	23表	3	与	226	与＊	15裏	5	與
	4	12裏	1	失	23表	4	失	226	失	15裏	5	失、「去欤」（傍書）
	5	12裏	1	問	23表	4	問	227	同	15裏	6	問
	6	12裏	1	無	23表	5	无	227	无	15裏	6	無
	7	12裏	2	後（重書）	23表	5	後	227	後	15裏	6	後
	8	12裏	2	光（智ノ下）	23表	6	光	227	ナシ	15裏	6	光
	9	12裏	2	頃（「項」ノ如キ字形）	23表	7	頃（「項」ノ如キ字形）	228	頃	15裏	7	頃
	10	12裏	2	年	23表	7	秊	228	年	15裏	7	年
	11	12裏	3	無	23表	7	无	228	无	15裏	7	无
	12	12裏	3	無（語ノ下）	23表	7	无	228	无	15裏	7	无
	13	12裏	3	逝（遊ニ重書）	23表	7	逝	229	逝	15裏	8	逝
	14	12裏	4	祈	23裏	2	祈	230	祈	16表	1	所
	15	12表	4	土	23裏	3	土	230	上	16表	1	土
	16	12裏	5	曰	23裏	3	曰	231	曰	16表	2	ナシ
	17	12裏	6	處	23裏	4	所	232	処＊	16表	3	處
	18	12裏	6	去	23裏	5	去	232	去	16表	3	土、「去イ」（傍書）
	19	12裏	7	耶	23裏	6	耶	233	耶	16表	4	耶（傍補）
	20	12裏	7	無	23裏	6	无	233	无	16表	4	无
	21	12裏	7	暫	23裏	7	蹔	233	暫	16表	4	暫
	22	12裏	7	生	23裏	7	生	234	生	16表	5	ナシ
	23	12裏	7	前	23裏	7	前	234	无	16表	5	前
	24	12裏	7	無	23裏	7	无	234	前	16表	5	无
	25	12裏	8	行ノ下、ナシ	24表	1	業不可蹔留重問曰汝生前无所行ノ14字ヲ朱線及ビ朱点デ抹消	234	ナシ	16表	5	ナシ
	26	12裏	9	欲ノ下、ナシ	24表	3	ナシ	235	此土乎	16表	6	ナシ
	27	12裏	9	靖	24表	4	靖、靖ノ左ニ朱点附シ「靖」ヲ朱頭書	236	靖	16表	7	靖
	28	12裏	9	思（重書）	24表	4	思	236	思	16表	7	思
	29	12裏	10	事	24表	5	事	236	事	16表	7	事（傍補）
	30	12裏	10	陁ノ下、ナシ	24表	5	ナシ	237	佛	16表	8	ナシ
	31	13表	1	心	24表	7	心	238	心	16裏	1	身
	32	13表	2	休（重書）	24裏	2	休	240	休	16裏	2	休
	33	13表	3	引（重書）	24裏	3	引	241	聞	16裏	3	引
	34	13表	4	頭	24裏	4	頭	241	ナシ	16裏	4	頭
	35	13表	4	面	24裏	4	面	241	而	16裏	4	而（「リ」ヲ「ロ」ニ作ル）
	36	13表	4	修	24裏	5	修	242	脩	16裏	4	修
	37	13表	4	善ノ下、ナシ	24裏	6	根	242	ナシ	16裏	5	ナシ
	38	13表	5	此ノ下、ナシ	24裏	6	ナシ	242	ナシ	16裏	5	浄（傍補）
	39	13表	5	相好	24裏	6	相好	243	好相	16裏	5	相好
	40	13表	5	言	24裏	6	言	243	白言	16裏	5	曰
	41	13表	6	土	24裏	6	土	243	ナシ	16裏	6	土

		尊経閣文庫本			天理図書館本			七寺本		内閣文庫本		
		丁	行		丁	行		行		丁	行	
十一	42	13表	6	土ノ下、荘厳ニ続ク	24裏	7	一行空白、欠字ナシ（第24丁裏ハ第7行空白）	243	尊経閣文庫本ト同ジ	16裏	6	尊経閣文庫本ト同ジ
	43	13表	6	何	25表	2	何	244	付	16裏	7	何
	44	13表	7	小	24表	3	小	245	少	16裏	7	小
	45	13表	8	畫(一字ヲ墨デ抹消シ傍書)	25表	3	畫	245	畫	16裏	8	畫（「昼」ノ「日」ヲ「冈」ニ作ル）
	46	13表	9	矣	25表	5	ナシ	246	ナシ	17表	1	云々
十二	1	13表	10	本行ヨリ延暦寺東塔住僧某甲ノ伝ヲ収ム	26裏	4	第25丁表第6行～第26丁裏第3行ノ延暦寺定心院十禅師成ヨリ続ク	262	第247行～第261行ノ延暦寺定心院十禅師成意ヨリ続ク	17裏	8	第17丁表第2行～第17丁裏第7行ノ延暦寺定心院十禅師成意ヨリ続ク
	2	13表	10	甲ノ下、ナシ	26裏	4	ナシ	262	ナシ、「样義或无」アリ（傍書）	17裏	8	ナシ
	3	13表	10	麹ノ下、ナシ	26裏	5	ナシ	262	可	17裏	8	ナシ
	4	13裏	1	衆ノ下、ナシ	26裏	6	更	263	更	18表	1	更
	5	13裏	1	碾	26裏	6	碓、「碾イ、「タイ」（訓仮名）」（朱頭書）	264	碾	18表	1	碓
	6	13裏	1	峯	26裏	6	岑	264	峰＊	18表	2	岑
	7	13裏	2	千	26裏	7	千（傍補）	264	千	18表	2	千
	8	13裏	2	手ノ下、ナシ	26裏	7	等	264	等	18表	2	等
	9	13裏	2	常	26裏	7	ナシ	265	常	18表	2	常
	10	13裏	3	故	27表	2	故	266	欲	18表	4	故
	11	13裏	3	屋	27表	2	居	266	居	18表	4	房
	12	13裏	4	刊	27表	4	刊	267	刊	18表	5	削
	13	13裏	4	蹤	27表	4	蹤	267	蹤	18表	5	踶
	14	13裏	4	砂	27表	4	沙	267	沙	18表	5	砂
	15	13裏	4	碾	27表	4	碓、「碾イ」（朱頭書）	267	焳	18表	5	碾
	16	13裏	5	間ノ下、ナシ	27表	5	ナシ	268	粥	18表	6	ナシ
	17	13裏	5	院ノ下、ナシ	27表	5	普照	268	普照	18表	6	普照
	18	13裏	5	粥	27表	5	粥	268	ナシ	18表	6	粥
	19	13裏	6	鼎	27表	6	鼎	269	嘶＊	18表	7	鼎
	20	13裏	7	輿	27裏	2	輿	270	輿	18表	8	擧ノ「手」ヲ「車」トスル字ニ作ル
	21	13裏	7	砂	27裏	2	砂	270	沙	18表	1	砂
	22	13裏	7	碾	27裏	2	碓	270	碾	18裏	1	碓
	23	13裏	8	繞ノ下、ナシ	27裏	3	ナシ	271	絶	18裏	1	ナシ
	24	13裏	8	擧	27裏	3	輿	272	輿	18裏	1	擧ノ「手」ヲ「車」トスル字ニ作ル
	25	13裏	9	見	27裏	3	見	272	見	18裏	2	見（傍補）
	26	13裏	9	輿	27裏	4	輿	272	輿	18裏	2	擧ノ「手」ヲ「車」トスル字ニ作ル
	27	13裏	9	車、右ニ抹消符「止」ヲ附ス	27裏	4	ナシ	272	ナシ	18裏	2	ナシ
	28	13裏	9	砂	27裏	4	砂	272	沙	18裏	2	砂
	29	13裏	9	碾	27裏	4	碓	272	碾	18裏	2	碓
	30	13裏	10	人ノ下、ナシ	27裏	5	ナシ	273	某甲	18裏	3	ナシ
	31	13裏	10	相	27裏	5	相	273	ナシ	18裏	3	相
	32	14表	1	焉	27裏	6	焉	274	耳	18裏	4	焉
十三	1	14表	2	尺	27裏	7	釋	275	积＊	18裏	5	釋

		尊経閣文庫本			天理図書館本			七寺本		内閣文庫本		
		丁	行		丁	行		行		丁	行	
十三	2	14表	2	筆	27裏	7	筭	275	算＊	18裏	5	筭
	3	14表	3	年	28表	2	年	276	生	18裏	6	年
	4	14表	4	人	28表	3	人	277	人	18裏	7	食、左ト下トニ抹消符「ヒ」ヲ附シ「人」傍書
	5	14表	4	筆	28表	3	筭	277	算＊	18裏	7	筭
	6	14表	5	語ノ下、ナシ	28表	5	ナシ	278	諸	18裏	8	ナシ
	7	14表	5	弟	28表	5	苐	278	弟	18裏	8	弟
	8	14表	6	伎	28表	6	妓	279	伎	19表	1	伎
	9	14表	6	弟	28表	7	苐	280	弟	19表	2	弟
	10	14表	6	少（傍補）	28表	7	少	280	少	19表	2	少
	11	14表	6	廢	28表	7	癈	280	廃＊	19表	2	癈
十四	1	14表	8	静ノ下、ナシ	28裏	2	ナシ	282	花山覚恵律師門弟也、「或本」（傍書）	19表	4	花山覺恵律師門弟也
	2	14表	8	無	28裏	3	无	283	无	19表	5	無
	3	14表	8	所	28裏	3	ナシ	283	ナシ	19表	5	ナシ
	4	14表	8	恪（旁ハ「又」ト「右」ヲ併セタ字形）	28裏	3	恪（旁ハ「又」ト「右」ヲ併セタ字形）	283	恪＊	19表	5	怯（尊経閣文庫本ノ如キ字形ヲ誤写）
	5	14表	9	餘	28裏	4	餘	284	余＊	19表	6	余
	6	14表	9	箇	28裏	4	箇	284	箇	19表	6	ケ
	7	14表	10	夜ノ下、ナシ	28裏	5	念ヲ墨デ抹消	284	ナシ	19表	6	ナシ
	8	14表	10	修	28裏	5	脩	285	修＊	19表	7	修
	9	14裏	1	余	28裏	6	三	285	三	19表	7	三
	10	14裏	1	歳	28裏	7	春	285	春	19表	7	春
	11	14裏	1	弟	28裏	7	苐	286	弟	19表	8	弟
	12	14裏	1	修	28裏	7	脩	286	修＊	19表	8	修
	13	14裏	1	佛	29表	1	ナシ	286	仏＊	19表	8	佛
	14	14裏	2	弟	29表	1	苐	287	弟	19裏	1	弟
	15	14裏	2	僧	29表	2	僧	287	僧	19裏	1	師、下ニ抹消符「ヒ」ヲ附シ「僧」傍書
	16	14裏	4	歴	29表	4	暦	289	歴	19裏	3	歴
	17	14裏	4	箇	29表	5	箇	289	箇	19裏	3	ケ
	18	14裏	5	弟	29表	6	苐	290	弟	19裏	4	弟
	19	14裏	5	僧	29表	6	曹（「卄」を「十」ニ作ル異体字）	290	曾＊	19裏	5	曽
	20	14裏	5	致	29表	6	致	290	ナシ	19裏	5	致
十五	1	14裏	8	念	29裏	3	念	293	念	19裏	8	念（傍補）
	2	14裏	8	四ノ下、ナシ	29裏	4	ナシ	293	各	19裏	8	ナシ
	3	14裏	8	弟	29裏	4	苐	294	弟	20表	1	弟
	4	14裏	9	云	29裏	5	曰	294	云	20表	1	云
	5	14裏	10	々（衣ノ下）	29裏	7	々	295	衣	20表	2	ヽ
	6	14裏	10	四	29裏	7	四	296	四	20表	3	四（傍補）
	7	15表	1	期	30表	1	期	296	斯	20表	3	期
	8	15表	1	飲	30表	1	飯	296	飲	20表	3	飯
	9	15表	1	唯	30表	1	唯	297	唯	20表	4	ナシ
	10	15表	2	曰	30表	3	云	297	云	20表	4	曰
十六	1	15表	4	者	30表	5	者	299	者	20表	7	ナシ
	2	15表	4	學	30表	6	學	300	覚＊	20表	8	學
	3	15表	5	分寸	30表	7	分寸	300	分寸	20表	8	寸分

		尊経閣文庫本			天理図書館本			七寺本		内閣文庫本		
		丁	行		丁	行		行		丁	行	
十六	4	15表	6	花	30裏	2	花	302	華	20裏	2	花
	5	15表	6	花ノ下、ナシ	30裏	2	経	302	ナシ	20裏	2	ナシ
	6	15表	7	終	30裏	3	終	303	給	20裏	3	終
	7	15表	7	修	30裏	3	脩	303	修＊	20裏	3	修
	8	15表	8	時ノ下、之ノ右ニ抹消符「止」ヲ附ス	30裏	5	ナシ	304	ナシ	20裏	4	ナシ
	9	15表	8	有	30裏	5	有	304	有	20裏	4	ナシ
	10	15表	9	彩	30裏	6	彩	305	彩	20裏	5	形
	11	15表	9	若	30裏	6	若	305	若	20裏	5	ナシ
	12	15裏	1	法花	30裏	7	法花	306	法華	20裏	6	花法、花ニ「下」、法ニ「上」ヲ附シ「法花」ト改ム
	13	15裏	1	花ノ下、ナシ	30裏	7	経	306	経	20裏	6	経
	14	15裏	2	徳ノ下、空格ナシ	31表	2	一字分空格アリ	307	空格ナシ	20裏	7	一字分空格ニ「○」ヲ書ス
	15	15裏	2	弟	31表	2	苐	307	弟	20裏	7	弟
	16	15裏	2	修	31表	3	脩	308	修＊	20裏	8	修
	17	15裏	3	年	31表	3	秊	308	年	20裏	8	年
	18	15裏	3	浴ノ下、ナシ	31表	4	着	309	ナシ	21表	1	ナシ
	19	15裏	4	今	31表	6	今	310	今	21表	2	三
	20	15裏	4	可	31表	6	ナシ	310	可	21表	2	可
	21	15裏	5	以	31表	7	以	310	以	21表	2	而
	22	15裏	5	安	31表	7	安	311	ナシ	21表	3	安
	23	15裏	5	結ノ下、ナシ	31裏	1	義（書キ掛ケ）ヲ墨デ抹消	311	ナシ	21表	3	ナシ
	24	15裏	6	着	31裏	1	着	311	着	21表	4	著
	25	15裏	6	手（傍補）	31裏	1	手	311	手	21表	4	手
	26	15裏	7	後	31裏	3	賜	313	後賜	21表	5	後賜
十七	1	15裏	8	空	31裏	4	空	314	空	21表	6	弘、「空イ」（傍書）
	2	15裏	8	亡（傍補）	31裏	4	亡	314	亡	21表	6	巳、「亡イ」（傍書）
	3	15裏	8	潢	31裏	5	潢	314	潢	21表	6	潢（旁下半部ヲ「里」ニ作ル）、抹消符「ヒ」ヲ附シ「潢」傍書
	4	15裏	9	世	31裏	5	世	315	世	21表	7	ナシ
	5	15裏	9	号（重書）	31裏	5	号	315	号＊	21表	7	號
	6	15裏	9	阿	31裏	5	阿	315	阿	21表	7	阿（傍補）
	7	15裏	9	号	31裏	7	号	316	号＊	21表	8	號
	8	15裏	10	遇	31裏	7	遇	316	過	21表	8	遇
	9	15裏	10	無	32表	1	无	317	无	21表	8	无
	10	15裏	10	無（見ノ下）	32表	1	无	317	无	21裏	1	无
	11	15裏	10	掘	32表	1	掘	317	掘	21裏	1	堀
	12	16表	1	井	32表	2	井	317	ナシ	21裏	1	井
	13	16表	1	穂	32表	2	穂	317	積	21裏	2	穂
	14	16表	1	峯	32表	2	岑	317	峰＊	21裏	2	岑
	15	16表	3	州	32表	5	洲	319	州	21裏	3	州
	16	16表	3	湯	32表	5	湯	319	温	21裏	4	湯
	17	16表	4	焉ノ下、ナシ	32表	6	ナシ	320	ナシ	21裏	4	ト、「止イ」（傍書）
	18	16表	4	一七日	32表	7	七日七	321	一七日	21裏	5	一七日
	19	16表	4	夜	32表	7	夜	321	ナシ	21裏	5	夜

		尊経閣文庫本			天理図書館本			七寺本		内閣文庫本		
		丁	行		丁	行		行		丁	行	
	20	16表	4	新	32裏	1	新	321	新	21裏	5	新、「剰イ」(傍書)
	21	16表	5	則	32裏	1	則	321	則	21裏	6	即
	22	16表	5	冶(或ハ治カ)	32裏	2	治	322	冶	21裏	6	冶
	23	16表	5	過	32裏	2	過	322	遇	21裏	6	遇
	24	16表	6	無	32裏	3	无	323	无	21裏	7	无
	25	16表	8	去ノ下、ナシ	32裏	6	ナシ	324	ナシ	22表	1	又
	26	16表	10	我	33表	2	吾	327	吾	22表	4	我
	27	16表	10	遷	33表	2	遷	237	遷	22表	4	迁
	28	16裏	1	遷	33表	4	遷	328	遷	22表	5	迁
十七	29	16裏	1	着	33表	5	着	329	着	22表	5	著
	30	16裏	2	鑪	33表	5	鑪	329	爐	22表	6	呂
	31	16裏	2	弟	33表	6	苐	330	弟	22表	6	弟
	32	16裏	2	菩薩	33表	6	卄	330	菩薩	22表	7	菩薩
	33	16裏	3	鑪	33表	7	鑪	331	爐	22表	7	呂
	34	16裏	4	嗚	33裏	1	嗚	331	嗚	22表	7	烏
	35	16裏	4	晝(或ハ盡カ)	33裏	2	盡	332	尽*	22表	8	盡
	36	16裏	5	修	33裏	3	脩	333	修*	22裏	1	修
	37	16裏	5	小	33裏	4	小	333	少	22裏	2	小
	38	16裏	6	之	33裏	4	ナシ、「之」(朱傍補)	334	之	22裏	2	之
	39	16裏	6	令ノ下、ナシ	33裏	5	ナシ	334	化	22裏	3	ナシ
	1	16裏	8	大	34表	1	ナシ	336	大	22裏	5	大
	2	16裏	8	無	34表	1	无	337	无	22裏	6	无
	3	16裏	9	音ノ下、ナシ	34表	3	夢	337	夢	22裏	6	夢
	4	16裏	9	一	34表	3	ナシ、「一」(朱傍補)	337	一	22裏	6	一
	5	16裏	9	々々(闍梨ノ下)	34表	4	々々	338	梨	22裏	7	ゝゝ
	6	16裏	10	無	34表	4	无	338	无	22裏	7	無
	7	16裏	10	瞋ノ下、ナシ	34表	4	ナシ	338	ナシ	22裏	7	恚
	8	16裏	10	兼(傍補)	34表	5	兼	338	兼	22裏	8	兼
	9	17表	1	安	34表	6	案	339	案	22裏	8	案
	10	17表	2	々(往ノ下)	34裏	1	々	341	往	23表	2	々
十八	11	17表	2	矣ノ下、ナシ	34裏	1	ナシ	341	ナシ	23表	2	阿
	12	17表	3	品	34裏	2	ナシ	342	品	23表	3	品
	13	17表	3	無	34裏	3	无	342	無	23表	3	无
	14	17表	3	勒(陁ニ重書)	34裏	3	勒	342	勒	23表	4	勒
	15	17表	4	之	34裏	3	之	343	之	23表	4	ナシ
	16	17表	4	導ノ下、ナシ	34裏	5	ナシ	344	而	23表	5	ナシ
	17	17表	4	群	34裏	5	郡	344	群	23表	5	群
	18	17表	5	時ノ下、ナシ	34裏	5	手	344	手	23表	5	手
	19	17表	5	卿	34裏	6	卿	345	卿	23表	6	卿(傍補)
	20	17表	5	弟	34裏	6	苐	345	第	23表	6	弟
	21	17表	6	必	35表	1	必	346	必	23表	7	為
	22	17表	8	焉	35表	3	ナシ	347	焉	23表	8	焉
	1	17表	9	靖	35表	4	靖	348	靖	23裏	1	請
	2	17表	9	弥	35表	5	ナシ、「弥」(朱傍補)	348	弥	23裏	2	弥
十九	3	17表	9	陁	35表	5	施、「方」ニ「阝」朱重書シテ「陁」ニ改ム	349	陀*	23裏	2	陁
	4	17裏	1	弟	35表	7	苐	349	弟	23裏	2	弟
	5	17裏	1	真ノ下、ナシ	35表	6	相	349	ナシ	23裏	2	相
	6	17裏	2	修	35裏	1	脩	351	修*	23裏	4	ナシ

		尊経閣文庫本			天理図書館本			七寺本		内閣文庫本		
		丁	行		丁	行		行		丁	行	
十九	7	17裏	3	号	35裏	2	号	352	号＊	23裏	4	號
	8	17裏	3	号ノ下、ナシ	35裏	2	ナシ	352	人	23裏	4	ナシ
	9	17裏	4	之	35裏	3	之	352	ナシ	23裏	5	之
	10	17裏	4	攝	35裏	4	接	353	摂＊	23裏	6	接
	11	17裏	5	矣	35裏	5	矣	354	矣	23裏	7	ナシ
二十	1	17裏	6	法（重書）	35裏	7	法	355	法	24表	1	法
	2	17裏	8	弟	36表	2	苐	357	弟	24表	2	弟
	3	17裏	8	教	36表	2	教	357	斅老及	24表	2	教
	4	17裏	8	决	36表	3	决	357	史	24表	2	决
	5	17裏	9	盡	36表	3	盡	358	尽＊	24表	4	書
	6	17裏	10	了	36表	5	畢	359	了	24表	4	畢
	7	17裏	10	弟	36表	5	苐	359	弟	24表	4	弟
	8	17裏	10	山邊	36表	6	山邊	360	山辺＊	24表	5	邊山
	9	17裏	10	弟	36表	6	苐	360	弟	24表	5	弟
	10	17裏	10	等	36表	6	ナシ	360	等	24表	6	等
	11	18表	1	僧	36表	7	僧	361	僧	24表	6	ナシ
	12	18表	2	僧	36裏	1	僧	362	僧	24表	7	師
	13	18表	2	卯	36裏	1	卯、左ニ墨点ヲ附シ「少イ」頭書	362	非	24表	7	卯
	14	18表	2	等	36裏	1	等	362	等	24表	7	子
	15	18表	2	等ノ下、ナシ	36裏	1	ナシ	362	現六（傍書）	24表	7	ナシ
二十一	1	18表	4	愛	36裏	5	貧	364	貧	24裏	1	貧
	2	18表	4	女ノ下、ナシ	36裏	5	而	264	而	24裏	1	而
	3	18表	4	居	36裏	5	居	364	房	24裏	1	居
	4	18表	5	弟	36裏	6	苐	365	弟	24裏	2	弟
	5	18表	5	睿	36裏	6	叡	365	睿	24裏	2	叡
	6	18表	5	即	36裏	7	即	366	即	24裏	2	早
	7	18表	5	花	36裏	7	花	366	華	24裏	3	花
	8	18表	6	斯（時ヲ書キ掛ケテ重書）	37表	2	斯	367	斯	24裏	4	斯
	9	18表	7	無	37表	3	无	368	无	24裏	5	无
	10	18表	8	鑪	37表	4	鑪	369	爐	24裏	6	呂
	11	18表	8	家ノ下、ナシ	37表	5	引	370	引	24裏	6	引
	12	18表	9	有	37表	7	有	371	ナシ	24裏	8	有
	13	18表	10	又	37裏	1	亦	371	亦	24裏	8	亦
	14	18表	10	相	37裏	1	想	372	相	25表	1	相
	15	18表	10	不（傍補）	37裏	1	不	372	不	25表	1	不
	16	18裏	1	道	37裏	1	道	373	道	25表	1	ナシ
	17	18裏	1	俗	37裏	2	路	373	俗	25表	2	俗
	18	18裏	1	俗ノ下、ナシ	37裏	3	者多ヲ墨デ抹消	373	ナシ	25表	2	ナシ
二十二	1	18裏	2	嶋	37裏	4	嶋	374	島	25表	3	嶋
	2	18裏	3	弟	37裏	6	苐	375	弟	25表	4	弟
	3	18裏	3	稀	37裏	6	稀	376	稀	25表	5	希
	4	18裏	4	来	37裏	7	ナシ	376	来	25表	5	来
	5	18裏	4	叩ノ下、ナシ	37裏	7	柴ヲ墨デ抹消	377	ナシ	25表	5	ナシ
	6	18裏	5	外ノ下、ナシ	38表	2	ナシ	378	人	25表	6	人
	7	18裏	5	居	38表	2	居	378	居	25表	7	ナシ
	8	18裏	5	郡賀古	38表	3	郡賀古	378	郡古	25表	7	ナシ
	9	18裏	6	日	38表	4	ナシ、「日」（朱傍補）	379	日	25表	7	日
	10	18裏	6	年月	38表	4	年月	380	年月	25表	7	明年今月

		尊経閣文庫本			天理図書館本			七寺本		内閣文庫本		
		丁	行		丁	行		行		丁	行	
二十二	11	18裏	6	月ノ下、ナシ	38表	4	ナシ	380	十五、「或无」（傍書）	25表	7	ナシ
	12	18裏	7	訖	38表	6	語、左ニ朱点ヲ附シ右ニ「訖テ」朱書	381	訖	25裏	1	訖
	13	18裏	8	弟	38表	6	苐	381	弟	25裏	2	弟
	14	18裏	8	令	38表	7	令	381	令	25裏	2	ナシ
	15	18裏	8	檢	38表	7	驗、「檢イ」（左ニ朱傍書）	382	撿＊	25裏	3	驗
	16	18裏	9	家ノ上、北ヲ墨デ抹消	38裏	1	ナシ	382	ナシ	25裏	3	ナシ
	17	18裏	9	々（廬）	38裏	2	々	383	廬	25裏	3	〻
	18	18裏	9	前	38裏	2	前	383	ナシ	25裏	3	前
	19	18裏	9	有（前ノ下）ノ下、ナシ	38裏	2	ナシ	383	一	25裏	3	ナシ
	20	18裏	9	群	38裏	2	群	383	郡	25裏	3	群
	21	18裏	10	一（老ノ上）	38裏	3	一	383	一	25裏	4	ナシ
	22	18裏	10	問ノ下、ナシ	38裏	4	所	384	ナシ	25裏	4	ナシ
	23	19表	1	是	38裏	4	是	385	是	25裏	4	ナシ
	24	19表	2	人	38裏	6	ナシ、「人イ」（朱傍書）	386	人	25裏	6	人
	25	19表	2	丸ノ下、ナシ	38裏	7	ナシ	387	金	25裏	7	ナシ
	26	19表	3	者	39表	1	者	387	者	25裏	8	ナシ
	27	19表	3	之	39表	1	之	387	之	25裏	8	ナシ
	28	19表	4	無	39表	2	无	388	无	25裏	8	无
	29	19表	4	故	39表	3	故	389	ナシ	26表	1	故
	30	19表	5	落	39表	3	落	389	藷	26表	1	落
	31	19表	5	他ノ下、ナシ	39表	4	共	389	ナシ	26表	1	ナシ
	32	19表	5	期	39表	4	期	389	期	26表	2	斯
	33	19表	5	急	39表	4	忽	389	忽	26表	2	急
	34	19表	5	焉	39表	4	焉	390	焉	26表	2	矣
	35	19表	5	焉ノ下、ナシ	39表	4	摂ヲ墨デ抹消	390	ナシ	26表	2	ナシ
二十三	1	19表	6	摂	39表	5	摂（頭書）	391	摂	26表	3	摂
	2	19表	6	嶋ノ下、ナシ	39表	5	郡	391	ナシ	26表	3	ナシ
	3	19表	7	松	39表	5	松（偏ヲ禾偏ニ作ル）	391	松	26表	3	松
	4	19表	7	修	39表	6	脩	391	修＊	26表	3	修
	5	19表	8	上	39裏	1	下	393	上	26表	5	上
	6	19表	8	所ノ下、ナシ	39裏	2	ナシ	394	之日	26表	6	ナシ
	7	19表	9	無	39裏	3	无	395	无	26表	7	無
	8	19裏	1	樹（知ノ下）（構ニ重書）	39裏	4	樹	396	樹	26表	7	樹
	9	19裏	1	言	39裏	4	曰	396	曰	26表	8	曰
	10	19裏	2	僧（重書）	39裏	6	僧	397	僧	26裏	1	僧
	11	19裏	4	而	40表	1	西	399	而	26裏	3	而
	12	19裏	4	去ノ下、ナシ	40表	1	ナシ	399	ナシ	26裏	3	云〻（小字）
二十四	1	19裏	5	少	40表	2	少	400	少	26裏	4	小
	2	19裏	5	修	40表	2	脩	400	修＊	26裏	4	修
	3	19裏	6	常	40表	3	ナシ	400	常	26裏	5	常
	4	19裏	6	起	40表	4	起（朱傍補）	400	起	26裏	5	起
	5	19裏	7	生	40表	6	生	403	生	26裏	7	生（傍補）
	6	19裏	8	弟	40表	7	苐	403	弟	26裏	7	弟

		尊経閣文庫本			天理図書館本			七寺本		内閣文庫本		
		丁	行		丁	行		行		丁	行	
二十四	7	19裏	8	修	40表	7	脩	403	修＊	26裏	7	修
	8	19裏	8	空	40裏	1	雲	404	空	26裏	8	空
	9	19裏	9	新	40裏	2	新（「斤」ハ重書）	405	新	27表	1	新
	10	19裏	9	之衣	40裏	2	之衣	405	衣之	27表	1	衣
	11	19裏	9	気絶	40裏	2	絶気	405	気絶	27表	1	気絶
二十五	1	20表	2	門（弥ニ門ヲ重書シ、右ニ「門」傍書）	40裏	3	門	406	門	27表	2	門
	2	20表	2	播（偏ヲ「亻」ニ作ル）	40裏	3	播	406	播	27表	2	幡（偏ヲ「忄」ニ作ル）
	3	20表	2	少	40裏	4	小	407	少	27表	2	少
	4	20表	2	如ノ下、ナシ	40裏	4	意	407	意	27表	3	意
	5	20表	3	年	40裏	5	季	407	年	27表	3	年
	6	20表	4	西	40裏	6	西	408	西	27表	4	布
	7	20表	5	曰	40裏	7	云	409	曰	27表	5	云
	8	20表	6	謂	41表	2	謂	411	語	27表	7	謂
	9	20表	6	弟	41表	3	苐	411	弟	27表	7	弟
	10	20表	6	儲	41表	3	儲	411	儲	27表	7	ナシ
	11	20表	7	聞	41表	4	聞	411	聞	27表	7	問
	12	20表	7	會集	41表	4	集會	412	会集＊	27表	8	會集
	13	20表	7	無	41表	5	无	412	无	27表	8	無
	14	20表	8	弟	41表	5	苐	413	弟	27表	8	弟
	15	20表	9	大	41表	7	丈	413	太	27裏	1	太
	16	20表	9	即	41表	7	即	414	即	27裏	2	早
	17	20表	9	南	41裏	1	南	414	南	27裏	2	布
	18	20表	9	廿ノ下、ナシ	41裏	1	ナシ	415	人	27裏	2	ナシ
	19	20表	9	許人	41裏	1	人許	415	許人	27裏	2	人許
	20	20表	10	陁ノ下、ナシ	41裏	2	ナシ	415	宝＊	27裏	3	ナシ
	21	20表	10	号	41裏	2	号	415	号＊	27裏	3	號
	22	20表	10	已	41裏	2	已	415	已	27裏	3	ナシ
	23	20表	10	無	41裏	2	无	416	無	27裏	3	無
二十六	1	20裏	1	住僧	41裏	3	住僧	417	僧住	27裏	4	僧
	2	20裏	2	花	41裏	5	花	418	華	27裏	5	華
	3	20裏	2	部ノ下、ナシ	41裏	5	夜	418	夜	27裏	5	ナシ
	4	20裏	3	右ノ下、ナシ	41裏	6	之	419	之	27裏	6	之
	5	20裏	3	各	41裏	6	忽	419	忽	27裏	6	忽
	6	20裏	3	千（傍補）	41裏	7	千	420	千	27裏	7	十
	7	20裏	3	到	41裏	7	到	420	到	27裏	7	至
	8	20裏	4	其	42表	1	其	420	共＊	27裏	7	其
	9	20裏	4	真言	42表	1	真言	421	言真	27裏	8	真言
	10	20裏	5	右	42表	2	右	421	ナシ	27裏	8	右
	11	20裏	6	界	42表	4	界	423	界	28表	2	ナシ
	12	20裏	6	後	42表	5	後	423	従	28表	2	後
	13	20裏	7	海ノ下、ナシ	42表	6	ナシ	424	得蘇弥陁読誦真言経	28表	3	ナシ
	14	20裏	7	頂	42表	6	頂	425	頂	28表	3	授
	15	20裏	7	弟	42表	6	苐	425	弟	28表	3	弟
	16	20裏	7	等（略体）	42表	6	等（略体）	425	ナシ	28表	3	等
	17	20裏	8	盡	42表	7	悉	425	尽＊	28表	4	盡
	18	20裏	8	得	42表	7	得	426	得	28表	4	歸
	19	20裏	8	蘇	42表	7	蘇（朱傍補）	426	蘇	28表	4	蘇

		尊経閣文庫本			天理図書館本			七寺本		内閣文庫本		
		丁	行		丁	行		行		丁	行	
二十六	20	20裏	9	豫	42裏	2	豫	427	陳	28表	5	預
	21	20裏	9	知	42裏	2	知	427	智	28表	5	知
	22	20裏	9	期（重書）	42裏	2	期	427	期	28表	5	期
二十七	1	20裏	10	藤ノ下、ナシ	42裏	4	原	428	原	28表	6	原
	2	20裏	10	苐	42裏	4	苐	428	第＊	28表	7	弟
	3	21表	1	俗（重書）	42裏	4	俗	428	俗	28表	7	俗
	4	21表	2	修	42裏	7	脩	430	修＊	28裏	1	修
	5	21表	2	癈	42裏	7	癈	430	廃＊	28裏	1	癈
	6	21表	3	微ノ下、ナシ	42裏	7	ナシ	431	ナシ	28裏	1	細
	7	21表	5	箇	43表	4	箇	433	箇	28裏	4	ケ
	8	21表	5	修	43表	4	脩	433	修＊	28裏	4	修
	9	21表	6	楽ノ下、ナシ	43表	5	ナシ	434	闍病人不知暁目逢	28裏	5	ナシ
二十八	1	21表	8	蓮	43裏	1	蓮	435	連	28裏	6	連
	2	21表	8	寺ノ下、ナシ	43裏	2	ナシ	436	住寺也	28裏	7	ナシ
	3	21表	8	一（傍補）	43裏	2	一	437	一	28裏	8	一
	4	21表	9	陁	43裏	3	陁	437	陀＊	28裏	8	陁（傍補）
	5	21表	9	号ノ下、ナシ（右下ニ墨汚レアリ、抹消痕カ）	43裏	3	子	437	子	28裏	8	子
	6	21表	9	蓮	43裏	4	連	438	連	29表	1	蓮
	7	21表	10	日	43裏	4	ナシ	438	日	29表	1	日
	8	21表	10	楽ノ下、ナシ	43裏	5	ナシ	439	楽	29表	1	ナシ
	9	21表	10	浣	43裏	5	洗、左傍ニ墨点ヲ附シ「浣イ」頭書	439	洗	29表	2	洗
	10	21表	10	濯	43裏	5	濯	439	躍	29表	2	濯
	11	21表	10	洗	43裏	5	洗、地辺ニ「浣」ヲ書ス	439	沐	29表	2	洗
	12	21裏	1	投	43裏	6	投	440	投	29表	2	入
	13	21裏	2	尅	43裏	7	時	440	ナシ	29表	3	時
	14	21裏	2	楽ノ下、ナシ	44表	1	于	441	于	29表	4	于
	15	21裏	3	已ノ下、ナシ	44表	2	已	442	已	29表	5	ナシ
	16	21裏	3	無	44表	2	无	442	无	29表	5	无
	17	21裏	3	等ノ下、ナシ	44表	3	ナシ	442	ナシ	29表	5	云ゝ（小字）
二十九	1	21裏	4	国ノ下、ナシ	44表	4	河	443	河	29表	6	河
	2	21裏	5	修	44表	6	脩	444	修＊	29表	7	修
	3	21裏	6	餘	44表	7	餘	445	余＊	29表	8	余
	4	21裏	6	戌	44裏	1	成、「戌」（朱傍書）	446	戌	29裏	1	戌
	5	21裏	6	尅ノ下、至ヲ墨デ抹消	44裏	1	ナシ	445	ナシ	29裏	1	ナシ
	6	21裏	7	至亥尅	44裏	2	至亥尅	446	ナシ	29裏	1	至亥剋
	7	21裏	7	草	44裏	2	草	447	草	29裏	2	艸
	8	21裏	9	於	44裏	5	於	449	於	29裏	4	出
	9	21裏	9	寺	44裏	5	寺	449	等	29裏	4	寺
	10	21裏	9	寺ノ下、ナシ	44裏	5	共	449	共	29裏	4	共
	11	21裏	9	互	44裏	6	互	450	于	29裏	4	互
	12	21裏	10	有大	44裏	7	有大	450	大有	29裏	5	有大
	13	21裏	10	失	45表	1	失	451	告	29裏	6	失
	14	22表	1	滅ノ下、ナシ	45表	2	之瑞	451	之瑞	29裏	6	之瑞
三十	1	22表	2	甲ノ下、ナシ	45表	3	ナシ	453	西念也（傍書）	29裏	7	ナシ
	2	22表	2	小	45表	3	小	453	少	29裏	7	少

		尊経閣文庫本			天理図書館本			七寺本		内閣文庫本		
		丁	行		丁	行		行		丁	行	
三十	3	22表	2	連ノ下、年ヲ墨デ抹消	45表	4	ナシ	453	ナシ	29裏	7	ナシ
	4	22表	3	無	45表	4	无	454	无	29裏	8	无
	5	22表	4	腰（上ニ「要」、下ニ「月」ノ字形）病	45表	7	腰（上ニ「要」、下ニ「月」ノ字形）病	455	病腰	30表	1	腰病
	6	22表	5	無	45裏	1	无	457	无	30表	2	无
	7	22表	5	愛	45裏	1	愛	457	愛	30表	2	受、「愛歟」（傍書）
	8	22表	5	弥念	45裏	2	弥念	457	ナシ	30表	3	弥念
	9	22表	5	其（重書）	45裏	2	其	459	其	30表	3	其
	10	22表	7	有	45裏	4	有	459	有	30表	5	ナシ
	11	22表	8	去	45裏	6	去	460	志	30表	6	去
	12	22表	9	焉	45裏	7	歟	461	焉	30表	6	ナシ
三十一	1	22裏	1	姉	46表	1	姉、左傍ニ「ト」ヲ附シ「妹イ」頭書	461	姉	30表	7	姉
	2	22裏	2	及	46表	3	ナシ	463	及	30表	8	及
	3	22裏	2	及ノ下、ナシ	46表	3	ナシ	463	ナシ	30表	8	于
	4	22裏	3	僧都	46表	4	僧都	463	ナシ	30裏	1	僧都
	5	22裏	3	修	46表	5	脩	464	脩	30裏	2	修
	6	22裏	4	箇	46表	6	箇	465	箇	30裏	2	ケ
	7	22裏	4	修	46表	6	脩	465	脩	30裏	2	修
	8	22裏	5	自	46表	7	自	465	ナシ	30裏	3	自
	9	22裏	5	菩薩	46裏	1	卅	466	菩提薩	30裏	4	菩薩
	10	22裏	6	修	46裏	2	脩	467	脩	30裏	5	修
	11	22裏	7	隠	46裏	3	憑（「心」ヲ「廾」ニ作ル）、「隠イ」（左傍ニ朱書）	468	隠	30裏	6	隠
	12	22裏	7	滅	46裏	4	滅（重書）	469	滅	30裏	6	滅
	13	22裏	7	焉	46裏	4	焉	469	焉	30裏	6	ナシ
三十二	1	22裏	8	甲	46裏	5	甲	470	甲	30裏	7	申
	2	22裏	8	偏	46裏	6	偏	471	偏	30裏	8	徧
	3	22裏	9	有	46裏	6	有	471	有	30裏	8	ナシ
	4	23表	1	懇（「艮」ハ「即」ニ重書）	47表	1	懇	472	懇	31表	1	懇
	5	23表	1	于（千ニ重書）	47表	1	于	472	于	31表	1	于
	6	23表	1	向	47表	1	向	473	向	31表	1	問
	7	23表	3	楽（擦消シノ上カ）	47表	4	楽	475	楽	31表	3	樂
	8	23表	3	石山以下条末マデ大字	47表	4	石山以下条末マデ大字	475	石山以下条末マデ大字	31表	3	石山以下条末マデ小字割書
	9	23表	3	其	47表	4	其	475	其	31表	3	ナシ
	10	23表	4	一	47表	5	一	476	一	31表	3	ナシ
	11	23表	4	又	47表	5	又	476	又	31表	3	人
	12	23表	4	丶（云）	47表	5	丶	476	云	31表	4	〻
	13	23表	4	生	47表	5	ナシ	476	生	31表	4	生
	14	23表	4	者	47表	5	者	476	者	31表	4	ナシ
	15	23表	4	三人矣	47表	5	三人矣（朱傍補）	476	三人矣	31表	4	三人矣
三十三	1	23表	5	少	47表	6	小	477	少	31表	5	少
	2	23表	5	應	47表	7	應	478	歴	31表	6	應
	3	23表	6	歴	47表	7	暦	478	歴	31表	6	歴
	4	23表	6	累ノ下、ナシ	47裏	1	宰ヲ墨デ抹消	478	ナシ	31表	6	ナシ
	5	23表	6	日ノ下、ナシ	47裏	2	夜	479	ナシ	31表	7	夜

		尊経閣文庫本			天理図書館本			七寺本		内閣文庫本		
		丁	行		丁	行		行		丁	行	
三十三	6	23表	7	花	47裏	2	花	479	華	31表	7	花
	7	23表	7	経ノ下、ナシ	47裏	2	ナシ	479	夜	31表	7	ナシ
	8	23表	8	修	47裏	3	脩	480	修＊	31表	8	修
	9	23表	8	一（重書）	47裏	4	一	481	一	31裏	1	一
	10	23表	8	癈	47裏	4	癈	481	廃＊	31裏	1	癈
	11	23表	10	署	47裏	7	暑	483	暑	31裏	3	暑
	12	23表	10	月	47裏	7	月	484	月	31裏	3	月、「日歟」（傍書）
	13	23表	10	歴	47裏	7	暦	483	歴	31裏	3	歴
	14	23表	10	日	47裏	7	日	484	日	31裏	3	月
	15	23表	10	時ノ下、ナシ	48表	1	ナシ	484	ナシ	31裏	3	云〻（小字）
三十四	1	23裏	1	徳公	48表	3	徳公	486	公徳	31裏	4	徳公
	2	23裏	2	弟	48表	3	苐	486	第＊	31裏	5	第
	3	23裏	2	終	48表	4	脩、朱デ抹消シ「終」及ビ訓仮名「ヒニ」朱傍書	486	終	31裏	5	終
	4	23裏	2	花	48表	5	花	487	華	31裏	6	花
	5	23裏	3	延ノ下、ナシ	48表	5	三	487	三	31裏	6	二
	6	23裏	3	瘡ノ下、ナシ	48表	5	而	488	而	31裏	6	而
	7	23裏	3	卒	48表	5	卆、右傍ニ「ト」ヲ附シ地辺ニ「卒」ヲ書ス	488	卒	31裏	6	卒
	8	23裏	3	間	48表	6	間	488	間	31裏	7	時
	9	23裏	3	間ノ下、ナシ	48表	6	ナシ	488	ナシ	31裏	7	剋
	10	23裏	4	之	48表	6	之	488	ナシ	31裏	7	之
	11	23裏	4	同	48表	7	同	489	同	31裏	7	内
	12	23裏	4	将	48表	7	将	489	将	31裏	8	相
	13	23裏	4	藤ノ下、ナシ	48表	7	ナシ	489	ナシ	31裏	8	原
	14	23裏	5	卒	48裏	1	卒	490	卒	32表	1	卒（「人」ヲ「幺」ニ作ル）
	15	23裏	5	後（重書）	48裏	1	後	490	後	32表	1	後
	16	23裏	5	裏	48裏	2	裏	490	裏	32表	1	裡
	17	23裏	6	詠	48裏	2	訓	491	詠	32表	1	詠
	18	23裏	6	句ノ下ニ挿入符ヲ附シ、左ニ、詩文ノ和歌「シカハカリチキリシモノヲワタリカハカヘルホトニハカヘスヘシヤハ」傍書、右傍ニ「シカ」墨デ抹消	48裏	1	ナシ	490	ナシ	32表	1	ナシ
	19	23裏	6	云ノ下、ナシ	48裏	2	ナシ	491	ナシ	32表	2	〻其詩謂（謂ノ下ハ空白ニテ、次行冒頭二字空白
	20	23裏	6	今ノ下、ナシ	48裏	3	極ヲ墨デ抹消	492	ナシ	32表	3	ナシ
	21	23裏	7	風ノ下、ナシ	48裏	4	源ヲ墨デ抹消	492	ナシ	32表	3	云〻（小字）
三十五	1	23裏	8	苐	49裏	5	苐	493	第＊	32表	4	弟
	2	23裏	9	給	48裏	6	給、「終イ」（朱傍書）	494	給	32表	5	給
	3	23裏	9	廿	48裏	7	廿	495	二十	32表	5	廿
	4	23裏	9	廿（病ノ下）	48裏	7	廿	495	二十	32表	5	廿
	5	23裏	9	余	48裏	7	餘	494	余＊	32表	5	餘

		尊経閣文庫本			天理図書館本			七寺本		内閣文庫本		
		丁	行		丁	行		行		丁	行	
三十五	6	23裏	10	裏	49表	1	裏（朱傍補）	496	裏	32表	6	裏
	7	24表	1	楽ノ下、ナシ	49表	3	不	497	不	32表	7	不
	8	24表	2	定（重書）	49表	4	定	498	定	32裏	1	定
	9	24表	2	向西	49表	5	念佛而	498	念仏而＊	32裏	1	念佛而
	10	24表	2	絶ノ下、ナシ	49表	5	矣	498	矣	32裏	1	矣
三十六	1	24表	3	簿	49表	7	簿	500	簿	32裏	2	薄
	2	24表	4	少	49表	7	小	501	少	32裏	3	少
	3	24表	4	帰ノ下、ナシ	49裏	1	仏イ（傍書）	501	ナシ	32裏	3	ナシ
	4	24表	4	花ノ下、ナシ	49裏	1	経	502	経	32裏	3	ナシ
	5	24表	5	恒ノ下、ナシ	49裏	2	ナシ	502	不	32裏	3	ナシ
	6	24表	6	真	49裏	3	真	503	真	32裏	5	真、「心イ」（傍書）
	7	24表	6	無	49裏	4	无	504	无	32裏	5	无
	8	24表	6	苦	49裏	4	苦	504	共病	32裏	5	苦
	9	24表	6	心	49裏	4	心	504	以	32裏	5	心
	10	24表	7	止	49裏	5	止	504	心	32裏	6	止
	11	24表	7	時ノ下、ナシ	49裏	7	也	505	也	32裏	6	也
三十七	1	24表	8	弟	49裏	7	苐	506	弟	32裏	8	弟
	2	24表	8	剌	49裏	7	ナシ	506	剌	32裏	8	剌
	3	24表	8	少	50表	1	小	506	少	32裏	8	少
	4	24表	9	陁ノ下、ナシ	50表	1	ナシ	507	仏＊	33表	1	ナシ
	5	24表	9	三十	50表	1	卅	507	三十	33表	1	卅
	6	24表	9	餘	50表	2	餘	507	余＊	33表	1	余
	7	24表	9	不ノ下、ナシ	50表	2	ナシ	507	問	33表	1	ナシ
	8	24表	9	同牀	50表	2	同牀（朱傍補）（牀ニ朱訓仮名「ユカ」）	508	同牀	33表	1	同林
	9	24表	9	第（旁ヲ「市」ノ如ク作ル）	50表	2	第（旁ヲ「市」ノ如ク作ル）、朱訓仮名「ムシロ」アリ、左ニ「ト」ヲ附シ、「箒（平声ノ点アリ）イ、「サイ」（訓仮名）」頭書	507	筒	33表	1	第（旁ヲ「市」ニ作ル）
	10	24表	9	當	50表	2	當	507	常	33表	2	當
	11	24裏	1	界	50表	3	ナシ	508	界	33表	2	界
	12	24裏	1	言	50表	4	曰	509	曰	33表	3	曰
	13	24裏	2	忍	50表	4	忍	509	忽、「忍」（傍書）	33表	3	忍
	14	24裏	2	報ノ下、ナシ	50表	5	ナシ	510	ナシ	33表	3	歟
	15	24裏	3	諾ノ下、ナシ	50表	5	ナシ	510	即	33表	4	ナシ
	16	24裏	3	曰	50表	5	ナシ	510	曰	33表	4	曰
	17	24裏	3	量	50表	6	量「イ」（朱書）（傍補）	511	量	33表	5	量
	18	24裏	4	送ノ下、ナシ	50表	7	ナシ	512	鮮	33表	5	ナシ
	19	24裏	4	隻	50表	7	隻	512	隻、「尺ヲ本イ」（傍書）	33表	6	隻（「又」ヲ「尺」ニ作ル）
	20	24裏	4	鱗	50表	7	鱗	512	鱗、「鮮或本」（傍書）	33表	6	鱗
	21	24裏	5	妾ノ下、ナシ	50裏	2	ナシ	513	鮮、「鮮分本」（傍書）	33表	7	ナシ
	22	24裏	5	暫	50裏	2	蹔	513	暫	33表	7	暫
	23	24裏	5	暫ノ下、ナシ	50裏	2	留	514	留	33表	7	留
	24	24裏	6	歟ノ下、ナシ	50裏	3	ナシ	514	音	33表	7	ナシ
	25	24裏	7	雲	50裏	4	雲	515	奇	33表	7	霊
	26	24裏	7	簾ノ下、ナシ	50裏	5	ナシ	515	中	33裏	1	ナシ

		尊経閣文庫本			天理図書館本			七寺本		内閣文庫本		
		丁	行		丁	行		行		丁	行	
三十七	27	24裏	7	無	50裏	5	无	516	无	33裏	1	无
	28	24裏	7	苦（重書）	50裏	5	苦	516	苦	33裏	1	苦
	29	24裏	8	終	50裏	5	絶	516	終	33裏	1	終
三十八	1	24裏	9	弟	50裏	6	苐	517	弟	33裏	2	弟
	2	24裏	9	喬（「夭」ヲ「ナ」ニ作ル）	50裏	6	喬（「夭」ヲ「ナ」ニ作ル）	517	高＊	33裏	2	喬
	3	24裏	9	右	50裏	6	ナシ	517	右	33裏	2	右
	4	24裏	10	小	50裏	7	少	517	少	33裏	3	少
	5	24裏	10	延	51表	1	延	518	近	33裏	3	延
	6	25表	1	菩提	51表	1	荓	519	菩薩	33裏	4	菩薩
	7	25表	1	示	51表	2	示	519	楽＊	33裏	4	示
	8	25表	1	觀	51表	2	觀	519	観＊	33裏	4	ナシ
	9	25表	1	無	51表	2	无	519	无	33裏	4	無
	10	25表	1	壽	51表	2	壽	520	寺	33裏	4	壽
	11	25表	2	論	51表	3	語、朱デ抹消シ、左ニ朱「ト」ヲ附シ右ニ「論」朱傍書	520	論	33裏	5	論
	12	25表	2	女	51表	3	女（重書）	520	女	33裏	5	女
	13	25表	2	學	51表	4	學	521	学＊	33裏	5	覺
	14	25表	2	挙	51表	4	挙	521	奉	33裏	5	歩
	15	25表	2	々（挙）	51表	4	々、「イ无」（傍書）	521	之	33裏	5	々（歩）
	16	25表	2	無	51表	4	无	521	无	33裏	6	无
	17	25表	3	唱	51表	5	唱	522	留	33裏	7	唱
	18	25表	4	无	51表	5	无	522	无	33裏	7	無
	19	25表	4	誡	51表	6	誡	523	誡	33裏	7	譏
	20	25表	4	小	51表	6	小	523	少	33裏	8	小
	21	25表	5	廿（重書）	51裏	1	廿	524	二十	34表	1	廿
	22	25表	6	餘	51裏	1	餘	525	余＊	34表	1	余
	23	25表	6	發	51裏	2	發	525	発＊	34表	2	散
	24	25表	6	即	51裏	2	即	525	即	34表	2	早
	25	25表	7	喜ノ下、ナシ	51裏	4	ナシ	526	ナシ	34表	3	矣
三十九	1	25表	8	弟	51裏	5	苐	527	弟	34表	4	弟
	2	25表	8	氏原、顛倒符ヲ附シ「原氏」ト改ム	51裏	5	原氏	527	原氏	34表	4	原氏
	3	25表	8	心	51裏	5	心	527	心	34表	4	ナシ
	4	25表	8	悲	51裏	5	悲	527	起	34表	4	悲
	5	25表	9	癈	51裏	7	癈	527	廃＊	34表	5	廢
	6	25表	10	之	52表	1	之	529	之	34表	6	ナシ
	7	25表	10	歟	52表	1	歟	529	歟	34表	6	相
	8	25裏	2	即	52表	3	即	531	即	34表	8	早
	9	25裏	2	身	52表	4	身	531	身	34表	8	ナシ
	10	25裏	2	無	52表	4	无	531	无	34表	8	无
	11	25裏	2	痛ノ下、ナシ	52表	4	ナシ	531	ナシ	34表	8	云〻（小字）
四十	1	25裏	3	花	52表	6	花	532	華	34裏	2	花
	2	25裏	3	花ノ下、ナシ	52表	6	奉	533	奉	34裏	2	ナシ
	3	25裏	4	期	52表	7	期	533	斯	34裏	2	期
	4	25裏	4	期ノ下、ナシ	52表	7	ナシ	533	往生	34裏	2	ナシ
	5	25裏	4	之	52表	7	之	534	之	34裏	3	ナシ
四十一	1	25裏	6	老婦	52裏	2	老婦	535	婦老	34裏	4	老婦
	2	25裏	6	修	52裏	3	脩	535	修＊	34裏	4	修

		尊経閣文庫本			天理図書館本			七寺本		内閣文庫本		
		丁	行		丁	行		行		丁	行	
四十一	3	25裏	6	事	52裏	3	事（朱傍補）	535	事	34裏	5	事
	4	25裏	7	修	52裏	4	ナシ	535	修＊	34裏	5	ナシ
	5	25裏	8	至	52裏	5	ナシ	537	至	34裏	6	至
	6	25裏	8	花	52裏	5	花	537	華	34裏	6	花
	7	25裏	8	菜	52裏	5	菜	537	ナシ	34裏	7	菜
	8	25裏	9	楽ノ下、ナシ	52裏	6	已、朱デ抹消	538	ナシ	34裏	7	ナシ
	9	25裏	10	勤	53表	1	勸	539	ナシ	34裏	8	勧
	10	26表	1	脱（旁ヲ「勹」ト「ノ」ヲ合セタ形ニ作ル）	53表	2	脱	540	脱	35表	1	脱
	11	26表	1	花	53表	2	花	540	華	35表	2	花
	12	26表	2	寸（重書）	53表	3	寸	541	寸	35表	2	寸
	13	26表	2	研	53表	3	研	541	研	35表	3	姸
	14	26表	3	発ノ下、越ノ如キ字ヲ墨デ抹消シ「越」傍補	53表	4	越	542	越	35表	3	越
	15	26表	4	之	53表	6	之	543	ナシ	35表	5	之
四十二	1	26表	5	賀加、顛倒符ヲ附シ「加賀」ト改ム	53表	7	加賀	544	加賀	35表	6	加賀
	2	26表	5	良ノ下、ナシ	53表	7	人、墨デ抹消	544	ナシ	35表	6	ナシ
	3	26表	5	亡	53裏	1	已、朱デ抹消シ、左ニ朱「ト」ヲ附シ右ニ「亡」朱傍書	544	亡	35表	6	亡
	4	26表	5	後ノ下、ナシ	53裏	1	ナシ	544	ナシ	35表	6	者
	5	26表	6	々（池）	53裏	2	々	545	池	35表	7	々
	6	26表	6	花	53裏	2	花	545	華	35表	8	花
	7	26表	7	花（為ノ上）	53裏	4	花	547	華	35裏	1	花
	8	26表	8	諸	53裏	5	諸	548	諸	35裏	2	ナシ
	9	26表	9	花ノ下、ナシ	53裏	7	ナシ	549	時	35裏	3	時
	10	26裏	3	即	54表	3	即	551	即	35裏	5	早
	11	26裏	3	花	54表	3	ナシ	552	華	35裏	5	花
	12	26裏	3	而（「‖」ヲ「ロ」ニ作ル）	54表	3	而（傍補）	552	而	35裏	6	而
巻末	1	26裏	4	都盧卅五人ヨリ優婆夷七人マデ	54表	4	ナシ	553	ナシ	35裏	7	アリ
	2	26裏	5	所	54表					35裏	7	人
	3	26裏	7	極楽	54表	5	極樂	554	ナシ	見返	3	極樂
	4	26裏	7	一巻	54表	5	ナシ	554	一巻	見返	3	ナシ

尊経閣善本影印集成 41-2
日本往生極楽記

発行　平成十九年十月三十一日
定価　二冊組 二七、三〇〇円（本体二六、〇〇〇円＋税五％）
編集　財団法人 前田育徳会尊経閣文庫
東京都目黒区駒場四－三－五五
発行所　株式会社 八木書店
代表 八木壮一
東京都千代田区神田小川町三－八
電話 〇三－三二九一－二九六一（営業）
　　 〇三－三二九一－二九六九（編集）
FAX 〇三－三二九一－六三〇〇
製版・印刷　天理時報社
用紙（特漉中性紙）　三菱製紙
製本　博勝堂

ISBN978-4-8406-2282-0（41-2）第六輯　第２回配本

Web http://www.books-yagi.co.jp/pub
E-mail pub@books-yagi.co.jp